民族之魂

专心致志

陈志宏◎编著

延边大学出版社

图书在版编目（CIP）数据

专心致志 / 陈志宏编著 . -- 延吉 : 延边大学出版社 , 2018.4（2023.3 重印）

（民族之魂 / 姜永凯主编）

ISBN 978-7-5688-4501-4

Ⅰ . ①专… Ⅱ . ①陈… Ⅲ . ①品德教育－中国－青少年读物 Ⅳ . ① D432.62

中国版本图书馆 CIP 数据核字（2018）第 069526 号

专心致志

编　　　著：陈志宏

丛 书 主 编：姜永凯

责 任 编 辑：孙淑芹

封 面 设 计：映像视觉

出 版 发 行：延边大学出版社

社　　　址：吉林省延吉市公园路 977 号　　邮编：133002

网　　　址：http://www.ydcbs.com　E-mail：ydcbs@ydcbs.com

电　　　话：0433-2732435　　　传真：0433-2732434

发行部电话：0433-2732442　　　传真：0433-2733056

印　　　刷：三河市同力彩印有限公司

开　　　本：640×920 毫米　　　1/16

印　　　张：8　　　　　　　　字数：90 千字

版　　　次：2018 年 4 月第 1 版

印　　　次：2023 年 3 月第 2 次印刷

ISBN 978-7-5688-4501-4

定价：38.00 元

人有灵魂，国有国魂；一个民族，也有民族魂。

鲁迅先生曾经说过："唯有民魂是值得宝贵的，唯有他发扬起来，中国才有真进步。"

鲁迅先生以笔代戈，战斗一生，曾被誉为"民族魂"。

民族魂，顾名思义，就是一个民族的灵魂！民族魂，是一个民族的精髓，体现了一种民族的精神，是一个民族生存和存在的精神支柱。

什么是中华民族的民族魂？那就是中华民族精神！它是中华民族凝聚力的理念核心，是中华文明传承的基因。它包含热烈而坚定的爱国情感，对生活的美好愿望和追求，为目标努力奋斗的拼搏毅力，为正义事业不惜牺牲自己的精神，以及正确的人生观和价值观。

前 言

翻开浩瀚的中国历史长卷，我们可以看到数不胜数的，体现民族精神和民族魂的英雄人物和可歌可泣的感人故事。

民族魂，不仅体现在爱国主义精神和行动中，而且体现在各个领域自强不息的民族奋斗中。而中华民族精神的力量，更是深深植根于延绵几千年的传统文化之中，始终是维系中华各族人民共同生活的纽带，是支撑中华民族生存和发展的精神支柱，是不断推动中华民族前进的强大动力。

民族魂体现在"重大义，轻生死"的生死观中；民族魂体现在"国家兴亡，匹夫有责"的使命感中；民族魂体现在"我以我血荐轩辕"的大无畏精神中；民族魂体现在将国家利益置于最高的爱国情怀中！

　　纵观中华五千年文明史，曾经有多少杰出的政治家、军事家、思想家、文学家、科学家、艺术家；曾经有多少忧国忧民、鞠躬尽瘁的仁人志士；曾经有多少抗击外敌、英勇献身的民族英雄。他们或顺应历史潮流，积极改革弊政，励精图治，治国安邦，施利于民；或为人类进步而不断进行着农业、工业、科技、社会等各种创新；或开发和改造河山，不断创造着灿烂的中华文明；或英勇反击外来侵略，捍卫着国家主权和民族尊严；或坚决反对民族分裂，维护国家的统一……他们从不同的侧面，体现了中华民族的民族魂，谱写了几千年中华文明的壮丽诗篇，铸造了中华民族高尚而坚不可摧的"民族之魂"。

　　民族魂，就是爱国魂。从屈原在汨罗江边高唱的《离骚》，到文天祥大义凛然赴死前的"人生自古谁无死，留取丹心照汗青"的诗句；从岳飞的岳家军抗击入侵金兵，到郑成功收复台湾；从血雨腥风的鸦片战争，到硝烟弥漫的十四年抗战，再到抗美援朝的隆隆炮声……哪个为国捐躯的英雄不是可歌可泣的？

　　民族魂，就是奋斗魂。从勾践卧薪尝胆，到司马迁秉笔直书巨著《史记》；从鉴真东渡传播佛法终在第六次成功，到詹天佑自力更生建铁路；从袁隆平百次实验成为"水稻之父"，到屠呦呦的青蒿素获得诺贝尔奖……哪个不是历经艰难，最终取得成功？

　　民族魂，就是改革献身魂。从管仲改革到商鞅变法；从王安石变法到百日维新……哪次变法图强不是要冲破

民族之魂

旧势力的阻挠，或流血牺牲？

民族魂，就是创新魂。古有毕昇发明活字印刷，今有王选计算机照排；古有指南针、造纸术、火药、浑天仪、地动仪的发明，今有神舟号的相继飞天……哪个不是中华民族的智慧结晶？

自古以来，多少仁人志士为了维护人格的尊严和民族气节，以生命为代价！留下了"玉可碎不可污其白，竹可断不可毁其节"的称颂；有多少英雄豪杰，为理想和事业奋斗，面对死亡的威胁，大义凛然；有多少爱国壮士面对侵犯祖国的列强，挺身而出而献出生命。

伟大的中华民族孕育了五千年的辉煌，五千年的历史留下了璀璨的中华文明。

前 言

中国人的血脉流淌着顽强不屈的精神！我们的先辈用血汗和生命铸就了不朽的中华民族魂！换得如今中华大地的一片祥和安宁，换得我们现在的幸福生活。如今，我们要实现习近平主席提出的中国梦，依然需要我们秉承祖辈留下的这种"民族魂"。

青少年是国家的希望，亦是民族的未来。因此，爱国主义教育和励志图强教育要从青少年开始。为了增强对青少年的民族精魂和志向教育，我们精心编写了本套丛书——《民族之魂》丛书。

本套丛书将我国有史以来体现民族精神和民族魂的典型事迹，以通俗易懂的语言故事形式展现出来，适合青少年的阅读水平和欣赏角度。书中提供的人物和事件等故事，涉及社会的各个方面，有利于青少年学习和理解，使读者能全方位地领悟中华民族精神。

为了帮助读者更好地理解和吸收故事的精神，编者在每篇故事后还给出了"心灵感悟"，旨在使故事更能贴近现实社会，让读者结合自身的需要学习领会，引发读者更深入的思考。

希望读者们可以从本套图书中获得教益，通过阅读，真正体会到中华民族之魂所在，同时能汲取其精华，不断提升自己各方面的素质和品格，为祖国新时代的建设和发展做出努力。

全套丛书分类编排，内容详尽，风格独具，是广大读者尤其是青少年爱国励志教育的优秀阅读材料。相信本套丛书一定可以成为青少年朋友的良师益友。

民族之魂

导言

　　我们生活在这个世界上，每个人都有自己的社会定位，即所从事的工作。因为社会上的职业有成千上万种，而每个人都在其中拥有一个位置。在工作中，每个人都应该专注于自己所从事的那部分工作，努力使自己成为这个职业或行业内的专家。职业有千差万别，社会分工有所不同，不是所有的人都适合当科学家，搞研究创造，也不是所有的人都适合率领万马千军，当将军、当统帅。但是，通过努力，每个人都可以在自己从事的领域成为专家。所谓专家，就是在某个领域内有专门的特长、专门的技能，有独到的见解并拥有精通这项工作的诀窍，这就是专家。

　　怎样成为专家？首先就要干一行、爱一行、钻一行、精一行。一个人无论在哪个岗位工作，从事哪种职业，只要专心致志于自己的工作和事业，在工作中能够勤学钻研，就能成为所从事领域内的专家，实现自我价值，得到社会的认同和人们的尊重。可见，专注才能成就事业，专注才能使人成为专家。那些表现优异的职场人士并非天生就优秀，而是他们非常专注。只有在自己所从事的领域中具有"专业"水准，同时"专注"发展，才能成为当之无愧的行业专家，引领行业的蓬勃发展。

专注成就专家。要做到专注，需要做到以下几个方面：

首先，不论从事什么行业，都要有一个良好的心态。如果你从事的工作很重要、很体面，收入也高，你肯定会一心一意地做；但如果你的工作不够称心如意，收入不是很高，此时就需要有一个良好的心态，不能好高骛远，不能眼高手低，要把自己看做是社会这台大机器上的一颗螺丝钉，和其他重要部件相比，只是分工不同，没有高低贵贱之分。你这一颗螺丝钉拧不紧，整台机器就不能正常运转。

其次，要脚踏实地走好每一步。"不积跬步，无以至千里。"有些人大事干不了，小事不愿干，在一些不尽如人意的岗位上，总是牢骚满腹，甚至消极怠工。对大部分人而言，干不好自己分内的事，就很难在社会上立足。要想被别人看得起，就要先把自己眼前的事做好。

最后，要不断地给自己"充电"。职场中，人需要不断更新自己的专业知识和技能，需要借鉴、吸收新出现的优秀理论和技能，要有永远学习的心态和能力，如果没有形成良好的学习习惯，就可能被时代抛弃。

实践证明，谁在工作中做有心人，专心致志地对待所从事的工作，专注于这项事业，谁就能对自己从事的工作有独到的见解和能力，成为

这方面的专家。而谁在自己从事的领域内成为专家，谁就拥有了竞争优势；谁能牢固占据知识优势、科技优势和产业优势，谁就能在激烈的竞争中赢得主动权。

在本书中，我们从古代先贤们和现代楷模的事迹中，精选出一些典型故事。这些故事的主人公身上，不仅有勤劳的美德，而且有立志勤学、刻苦钻研所事之业的精神。希望读者过阅读此书，可以从中受益，学习他们的勤奋精神和敬业品格，改掉自己身上的懒惰毛病，做一个合格的新时代青年，努力成为某个行业的专家，为祖国的建设和发展做出自己应有的贡献。

目录

CONTENTS

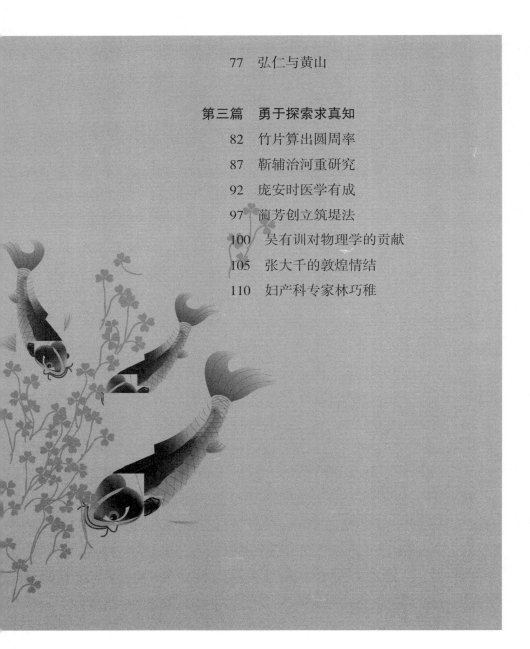

第一篇
开拓创新成事业

老子创立道家学说

老子（约公元前571—前471），姓李名耳，字伯阳，又称老聃。楚国苦县厉乡曲仁里（今河南省鹿邑县太清宫镇）人。老子是中国春秋时代思想家，传说老子出生时就长有白色的眉毛及胡子，所以后来被称为老子。老子著有《道德经》，是道家学派的始祖，他的学说后被庄周发展。道家后人将老子视为宗师，与儒家的孔子相比拟，史载孔子曾学于老子。

老子是道家学派的鼻祖，也是人类历史上最具有辩证思想的哲学家之一。

老子名叫李耳，从小时候起，他就立志向学，发奋攻读。当时正值春秋中末期，数百个诸侯国之间不断发生战争，人民生活在水深火热之中。

老子决心找到一种能解除百姓疾苦的出路，于是到处搜寻各种书籍，苦苦求索。已至而立之年，仍然还在家乡苦心做学，无心娶妻成家。

有一次，老子偶然认识了一个邻村姑娘塞氏。两人一见钟情，塞氏一再表明自己很欣赏老子的才华，铁了心要嫁给他。在友人的撮合下，他们喜结连理，恩爱无比。一年后，他们有了一个儿子。

这时，发生了一件让老子没想到的事情，原来塞氏早就有过婚约，只是因为对方是个白痴，就一直不肯嫁。但对方得知塞氏擅自嫁人后十分气恼，就派人把她抢了去。塞氏拼命反抗，半路跳井身亡。老子悲痛欲绝，心如死灰，站在家乡的山冈上，凝望塞氏去世的方向，暗自发誓一定要求到学问，成就大业，并终身不再娶，以无愧于亡妻。

从此，老子隐居修学，熟读经学、礼制，掌握了丰富的历史知识和广泛的自然科学知识，逐渐成为一个智慧超群的人。

约公元前521年，老子成了东周王室的守藏书史官。当时他已经闻名天下。一天，年轻的孔子登门拜访，孔子毕恭毕敬地请教他："请问先生对礼有什么看法？"老子缓缓地说："你所谓的那些讲礼的人早都不在人世了，连骨头都烂了，留下的不过是他们活着时的空话。而且，讲礼的君子遇到贤明的君主还能享受富贵，要是生不逢时，那就会像浮萍一样，身不由己，流离失所！"

老子转过头望向了窗外的远山，悠悠地说："我听说，高明的人，深藏珍宝而不外露；德高望重的人，容貌和愚昧的人一样。你需要去掉身上的骄气和过多的欲望，不要故作姿态和踌躇满志，这些对人没有好处。我只能跟你说这些了。"

孔子听了感慨万分，回去后说了这样一番话："我知道鸟儿善于飞翔，鱼儿长于游泳，野兽擅长奔跑，但我却不知道龙是怎样乘风破浪和直上九霄的。我所见到的老子，就仿佛龙一样。"

大约在公元前499年，周王室发生了争夺王位的战斗，乱兵席卷了周室的典籍，老子所看管的图书都被劫掠一空，他也被罢官回了家乡。

面对纷乱的世界，老子对种种陈规陋习产生了十分厌倦的情绪，决心去寻找一种清净的自然生活。一位守关的官员对他说："先生不是要去隐居吗？听说您学问很高，那为什么不把它写出来给后人留下一点纪念呢？"

老子一听，觉得很有道理，便下定决心要写部大书，要把自然天道、为人处世的奥秘揭示出来，让统治者读了能够警醒，让世人看了能够解脱。因此，他隐居在曲仁的隐阳山中，不问老病，奋笔疾书，点点滴滴，岁岁年年，一直写到头发没了，病痛缠身。然而，就在公元前478年快要大功告成时，不料楚陈交战，老子隐居的地方也爆发了战争，他的手稿不幸被一群窜入山中的乱兵焚毁了。

老子欲哭无泪，大病一场后，高歌着"祸兮福之所依，福兮祸之所伏"，骑着青牛，向西去了函谷关。在那里，他遇到了关令尹喜，写下了5000字的《老子》一书，然后绝尘而去，不知所终。传言老子死于约公元前471年。

《老子》的诞生，确立了道家学说。后人又称它为《道德经》，因为它讲的就是道与德的问题。

老子说，在天帝之前，道就存在了。"道即自然，自然即道"，意思是道不依人们的意志而客观地存在着，它的特征就是"自然"。老子把自然创造的根源归于自然本身，因而摧毁了一切超自然的主宰，摧毁了一切宗教和唯心论的基础，是哲学认识论上的一个巨大进步。

老子思想中最大的发光点在于它宝贵的辩证思想。他认为，任何事物都具有正、反两面，都有对立和变化。他不但看清了自然和人类社会现象中阴阳、有无、祸福、美丑、贵贱、难易、前后、高下等区别，以及对立的相互依存关系，还发现了它们之间的相互转换关系，时刻提醒世人：坏事里面可能包含着好的方面，好事里面也可能潜伏着坏的因素；正常的事也有可能变得不可思议，好事情也可能变成坏的事情。

同时，老子还看到了事物正反之间的转化是一个渐进的过程，即都是由小到大、由低向高、由弱到强。

在中国哲学史上，老子是第一个如此系统而深刻地阐述了辩证思想的人，和同时代的西方学者相比，他的思想深度令人惊叹。

□ 故事感悟

老子的道德思想开启了中国几千年来崇尚道德，努力与自然合一，令生活超然、洒脱、逍遥的精神内涵，并使一切都具有灵逸之美。如果你仔细反省自身，说不定会发现"老子"就在你的心中。老子也受到了西方的推崇，仅仅《老子》的英译本就达到40多种，除了《圣经》，还没有任何一部书会像《老子》一样，受到西方人如此的重视。

□ 史海撷英

老子论养生经

老子隐居在宋国沛地时，吃饭穿衣的事都由自耕自织解决。他的名声足不出户就自行传播了出去，慕名而来的人接踵不断，纷纷求问修道的方法、学术的要旨、处世的秘诀，他也因此而桃李满天下。

老子有个叫庚桑楚的弟子，深得老子之道，住在北部畏垒山上。三年后，当地民风发生了很大改变：男的耕种都喜获丰收，女的纺织都有衣可穿，各尽其能，童叟无欺，百姓和睦。

众人都想推庚桑楚为君子，但他听到后并不高兴，还打算迁居。他的弟子不解，庚桑楚就说："巨兽张嘴可以吞车，其势可谓强矣，然独步山林之外，则难免网罗之祸；巨鱼张口可以吞舟，其力可谓大矣，然跃于海滩之上，则众蚁可以食之。故鸟不厌天高，兽不厌林密，鱼不厌海深，兔不厌洞多。天高,鸟可以飞矣;林密,兽可以隐矣;海深,鱼可以藏矣;洞多,兔可以逃矣。皆为保其身而全其生也。保身全生之人,宜敛形而藏影也,故不厌卑贱平庸。"

庚桑楚弟子中有一个叫南荣的人,已经30多岁,那天听说了庚桑楚的养生高论,就想求养生之道。庚桑楚告诉他:"古人曰:土蜂不能孵青虫,越鸡不能孵鸿鹄,各有所能,各有所不能也。桑楚之才有限,不足以化汝,汝何不南去宋国沛地求教老聃先生?"

南荣听了就告别而去,顶风冒雪,走了七天七夜才到老子的寒舍。

南荣拜见老子说:"弟子南荣,资质愚钝难化,特行七日七夜,来此求教圣人。"

老子问:"你想知道什么道?"

"养生之道。"

老子告诉他:"养生之道,在于神静心清。静神心静者,可以洗除内心的污垢。心中的污垢,一是物欲,一是知求。去欲去求,则心中坦然;心中坦然,则动静自然。动静自然,心中就没有牵挂,因此就该睡就睡,该起就起,该行就行,该止就止,内心不被外界事物所侵扰。所以,学道的方法就是内外两除;得道的人,就是内外两忘。内就是心,外就是物。内外两除的人,内去欲求,外抵物诱;内外两忘的人,内忘欲求,外忘物诱。由除到忘,就可以内外一体,归于自然,从而达到大道了!如今,你心中念念不忘学道,也是欲求啊。除去这个欲望,就可以心中清净,进而就可以修得大道了。"

南荣听后,苦心求道的念头一下就没了,他如释重负,身心变得舒展旷达、平静淡泊,于是拜谢老子说:"先生一席话,胜读十年书。现在我不请教大道,但愿得到养生之经。"

老子道:"养生之道,要在自然。动不知何为,止不知所因,随物卷曲,随波逐流。动就与阳同德,静就与阳同波。其动似水,其静若镜,其应似响。这就是养生的方法。"

南荣又问："这就是完美境界吗？"

老子说："不是。这只是清融自己的心，进入自然的开始。如果要进入完美的境界，就要能与禽兽共居时不觉得卑微，与神仙共乐时不觉得尊贵；行不标新立异，止不思虑计谋，动不劳心伤神；来不知为了什么，去也不知道为了什么。"

南荣再问："这样就到完美境界了吗？"

老子说："没有。身在天地之间，如同枯枝烂木；心在形体之内，如同焦叶死灰。这样一来，就会在烈日中而不觉得热，在冰雪中而不觉得冷，剑戟不能伤，虎豹不能侵。因此，祸也不会来，福也不会来，祸福都没有，苦乐都消失。"

■文苑拾萃

《道德经》节选

（春秋）老子

第二章

天下皆知美之为美，斯恶已。皆知善之为善，斯不善已。

有无相生，难易相成，长短相形，高下相倾，音声相和，前后相随。恒也。

是以圣人处无为之事，行不言之教；万物作而弗始，生而弗有，为而弗恃，功成而不居。夫唯弗居，是以不去。

第三章

不尚贤，使民不争；不贵难得之货，使民不为盗；不见可欲，使民心不乱。

是以圣人之治，虚其心，实其腹，弱其志，强其骨。常使民无知无欲。使夫智者不敢为也。为无为，则无不治。

第四章

道冲，而用之或不盈。渊兮，似万物之宗；湛兮，似或存。吾不知谁之子，象帝之先。

第五章

天地不仁，以万物为刍狗；圣人不仁，以百姓为刍狗。
天地之间，其犹橐籥乎？虚而不屈，动而愈出。
多言数穷，不如守中。

医学考究先驱滑寿

　　滑寿（约1304—1386），字伯仁，晚号撄宁生。元代大医学家。祖籍襄城（今河南襄城县），后迁仪真（今江苏仪征县），又迁余姚（今浙江余姚县）。他不仅精通《素问》《难经》，而且融通张仲景、刘守真、李明之三家学说，所以给人治病有"奇验"。他还著有《读伤寒论抄》等多部医书。"所至人争延，以得诊视决生死为无憾"。他更以"无问贫富皆往治，报不报弗较也"的崇高医德，受到时人的赞誉。

　　滑寿从小敏而好学，善长诗文，通晓经史百家。他先师从京口（今江苏镇江市）名医王居中，学习医学，研读《素问》《难经》很有心得，并写成《读素问抄》和《难经本义》两本书。

　　后来，滑寿精心研究张仲景、刘守真、李明之三家的学说，融会贯通，造诣颇深。

　　再后来，滑寿又跟着东平（今山东东平县）高洞阳学习针法，并潜心研究经络学，取《内经》等书中有关经络的理论用于针灸，对经络理论的研究很深，著有《十四经发挥》三卷，提出奇经八脉的任督二脉与别的奇经相异，应与十二经脉相提并论而成十四经，并在《素问》《灵枢》的基础上，通考了657个腧穴，考正它们的阴阳往来，推断它们的骨孔所在位置，加以详细解说。

滑氏在针灸方法被忽视、被遗弃的时代，力挽狂澜，使它又得以在元代兴起，并成为后世针灸医学的规范。非但如此，《十四经发挥》流传到日本后，日本的针灸医学也开始发展起来。自元代以来，《十四经发挥》一直传诵不绝。后世尚有四幅《明堂图》，就署名为滑寿撰。

滑寿不但医术高明，还非常有文人风骨。他与当时的文人名士朱右、戴良、丁鹤年、宋濂、宋禧等来往很密切。元末农民起义军领袖方国珍的秘书刘仁本在余姚驻兵时，对滑寿敬重有加。刘仁本在他的《羽庭诗集》中提有"正月望前一夕，与滑伯仁炼药"，并赋诗云："委羽山中鹤堕翎，老仙为我制颓龄；人无金石千年寿，药有丹砂九转灵。候熟鼎墟分水火，所吞朋友走风霜；轻身已得刀圭秘，莫问昌阳与茯苓。"

《明史》中称滑寿说："年七十余，容色如童孺，行步矫捷，饮酒无算。"戴良题滑寿像赞叹道："貌不加丰，体不加长，英英奕奕，其学也昌。"

滑寿本来姓刘，由于从医而改名，在淮南叫滑寿，在吴中（今江苏）叫伯仁氏，在鄞城（今宁波鄞州区）叫撄宁。

撄宁，是道家追求的修养境界，意思是心神宁静，不为外界所干扰。据《绍兴府志》记载，叶逢春说："寿盖刘文成基的哥哥，为了学医改姓名。文成既胄，当劝之仕，不应而去。"

意思是说，滑寿可能是刘基（刘伯温）的哥哥。刘基是明朝的开国功臣，曾到余姚看望滑寿，劝他弃医从官，滑寿重视气节，不肯答应，刘基只好回京。洪武八年（1375年）四月，刘基病故，滑寿赋《望卷悲》十章，采办祭祀所需的蒿草去京城奔丧。据说，滑寿与刘基是同母异父的兄弟，这可能是有根据的。《孟子·离娄》记载："舜生诸冯，迁于负夏，卒于鸣条，东夷人也。"

最后，以滑寿友人的两首诗作为本文的结尾，一首是宋僖的《重过倪氏深秀楼怀滑伯仁》：

> 滑公江海客，频到贺家溪。
> 采药行云际，吟诗过水西。

另一首是戴良的《九灵山房集·怀书撄宁诗》：

> 海日苍凉两发丝，异乡漂泊已多时。
> 欲为散水留官道，故托长桑说上池。
> 蜀客著书人岂识，韩公卖药世偏知。
> 道途同是伤心者，只合相关赋黍离。

■故事感悟

善通诗文的滑寿也是一位医学的考究者，由于他对经络的熟悉，得以用文笔加以描绘，以文章的形式使医学的精髓得以流传。可以说，他不但对医学专业的"专"，还说明了他对文笔的"精"。

■史海撷英

滑寿轶事

根据《仪真县志》的记载，滑寿年少时曾拜师学省韩说，学习诸子百家的书籍，日记上千言，操笔作文，清新雅致，特别擅长乐府诗歌。

元朝时，滑寿曾是乡举，但他不喜欢当官从政，而痴迷于医学，一生不曾放弃。

为何滑寿定居在余姚马渚？有种说法是，他祖父元初在江南一带做官，从江苏仪真迁徙到余姚定居下来。也有的说是随难潮行医南下，途经姚邑青山何家闵村时，见一棺椁抬过，有鲜血滴落，就上前告诉人家棺内的人还活着，要求履行医道。开棺本是对死者的不敬，但看到滑寿说得很恳切，所以人家也就答应开棺一试。

果然，经过一番救治，棺内人真的活过来了。那家人真是感激涕零，纷纷称滑寿为神医，因而将贤德、美貌的少女汪如真嫁给他以求挽留。

滑寿多次拜访过旅居仪真的名医王居中，请教岐黄之术，得到了真传（还有人说，滑寿患病有幸被王氏救治，因此研习医道）。他在学习中感到医书《素问》《难经》论述虽详尽、深奥，但没有清晰的结构层次，文字还有遗漏之处，所以就问王氏能否分类注释，以便于阅读理解，王氏欣然同意。滑寿就根据自己的体会著述了《难经本义》《读素问钞》等书。后来他专心研究针灸，对经络理论造诣颇深，并用针灸治疗难产等多种病症，写有《十四经发挥》三卷。这也是他的代表作，其序由翰林学士宋濂、姑苏西宫进士盛斯显等人所作。

■文苑拾萃

《十四经发挥》

《十四经发挥》是元代滑寿撰写的经脉学著作，共三卷，于1341年刊印。

上卷是"手足阴阳流注篇"，系统论述了经脉循行的规律。中卷是"十四经脉气所发篇"，根据经脉和任督二脉的流注次序，分别论述了各经经穴歌诀、相应脏腑技能、经穴部位和经脉主病等。这两篇内容实际是滑氏将元朝忽公泰所撰写的《金兰循经》加以注释和补充而成。下卷是"奇经八脉篇"，是在参考《内经》《难经》《圣济总录》等书的基础上，对奇经八脉起止、循行路线、所属经穴部位及主病等进行的系统论述。

全书附有俯、仰人尺寸图及十四经经穴图。该书有明代复刻本，且被收录在《薛氏医案二十四种》中。新中国成立后有排印校注本。

郑板桥书画别具一格

郑板桥（1693—1765），字克柔，号板桥、板桥先生。江苏兴化大垛人，祖籍苏州。清朝官员、学者、书法家。他做官前后，均居扬州，以书画营生，工诗、词，善书、画，被称为"扬州八怪"之一，其诗、书、画世称"三绝"，尤其擅画兰竹。郑板桥一生画竹最多，次则兰、石，但也画松画菊，是清代比较有代表性的文人画家。

江苏省扬州市是我国历史上有名的文化古城。在清朝的时候，这里曾出现过不少有名的文学家和书法家，郑板桥就是其中最有名的一位。

郑板桥从小就喜爱书法，每天都要练字，从不间断。他晚上躺在床上，还经常在被子上、身上用手指练习写字。

有一天夜里，忙碌了一天的郑板桥刚刚躺下休息，忽然想起白天看的几本字帖，就用手指在自己的身上练起来。他划着划着，被一个字的写法难住了。他左思右想，怎么也记不起来。他焦躁地翻了个身，又接着划，不知不觉地划到妻子的身上。妻子被划醒了，知道他又在练字，就不耐烦地嘟囔着："一人有一体，你有你的体，要划就在自己身上划嘛，你自己又不是没有身体！"

妻子的这一句话，启发了郑板桥。他高兴地说："对呀，学书法为什么非要摹仿前人的风格呢？为什么不写出自己的'体'来呢？"

想到这里，郑板桥兴奋得睡不着觉，又起床练字去了。从这以后，郑板桥更加刻苦练习书法，下定决心非练出自己的字体不可。经过几年的摸索和苦练，郑板桥终于练出了形体奇特的字体。

■故事感悟

由于妻子偶然的一句话，郑板桥练就了自己独有的字体，从此更加刻苦地练字，最终获得成功。

■史海撷英

郑板桥巧断赖婚案

郑板桥在任地方知县时，为当地人民做了不少好事。有一个传闻，说的是郑板桥受理一桩赖婚案。有个穷秀才状告岳父不守信用，无端赖婚。郑板桥事先调查清了穷秀才的岳父是一个大财主，于是他让秀才暂时留在衙内，再派人把财主和他女儿叫到堂上来。板桥问财主："你为什么要赖婚？"

财主答："因为秀才养不活我女儿，他们不便生活在一起。"

郑板桥说："原来是这样，看来你女儿的确不应该嫁给穷秀才。但你也要为你的女婿考虑啊。我看这样吧，你出1000两黄金，我来帮你解决这个问题，保证让你满意。"

财主听郑板桥说可帮自己解除女儿与穷秀才的婚约，十分高兴，就如数付了黄金。

郑板桥说："你的女儿迟早都是要嫁人的，倒不如我给你介绍个乘龙快婿，这1000两黄金就当是你女儿的嫁妆之资了，你看怎样？"

财主听了眉开眼笑，点头又哈腰地说："当然好，当然好！"

这时，只见郑板桥令人把穷秀才传了出来，当即命令他与财主的女儿拜堂成亲，随后，双方携金而去。财主目瞪口呆，不知所措，最后只好哭笑不得地退堂回家了。

■文苑拾萃

石头城

（清）郑板桥

悬岩千尺，借欧刀吴斧，削成城郭。
千里金城回不尽，万里洪涛喷薄。
王浚楼船，旌麾直指，风利何曾泊。
船头列炬，等闲烧断铁索。
而今春去秋来，一江烟雨，万点征鸿掠。
叫尽六朝兴废事，叫断孝陵殿阁。
山色苍凉，江流悍急，潮打空城脚。
数声渔笛，芦花风起作作。

桃叶渡

（清）郑板桥

桥低红板，正秦淮水长，绿杨飘撒。
管领春风陪舞燕，带露含凄惜别。

烟软梨花，雨娇寒食，芳草催时节。

画船箫鼓，歌声缭绕空阔。

究竟桃叶桃根，古今岂少，色艺称双绝？

一缕红丝偏系左，闺阁几多埋没。

假使夷光，苎萝终老，谁道倾城哲？

王郎一曲，千秋艳说江楫。

顾炎武治学严谨

顾炎武（1613—1682），原名绛，字忠清。明亡后，以慕文天祥学生王炎午为人，改名炎武，字宁人，亦自署蒋山佣，学者尊为亭林先生。顾炎武系南直隶（清改江南省）苏州府昆山县（今江苏苏州昆山）人，明末清初著名的思想家、史学家、语言学家。顾炎武知识渊博，与黄宗羲、王夫之并为明末清初三大儒。

顾炎武是明末清初著名的爱国志士，"天下兴亡，匹夫有责"是他一生为之奋斗的座右铭，也是后世仁人志士不断追求的爱国信条。他还是中国历史上杰出的大学问家和思想家。他一生以书为师，以实践为师，"读万卷书，行万里路"的求实精神，一直为后人所传颂和效法。

顾炎武治学严谨，勤奋异常，据说他一生中没有一天离开过书本。年轻的时候，他就读了许多历史、地理、文学、矿产、交通等方面的书籍。一部《资治通鉴》有350卷，他不仅全部习读钻研，还从头自尾抄了一遍。《诗》《书》《礼》《易》一类儒家经典，《史记》《汉书》等历史名著，他甚至都能背诵下来。50岁出头时，他还遍游鲁、冀、辽、晋等地，边读书边考察。外出时，他常常是衣着简朴，带着两匹马和两头骡子，自己骑在一匹马上，另一匹马和两头骡子则驮着沉重的大筐，筐内装的全是书。马在平坦的道路上走着，他坐在马背上常常半闭着眼睛，咿咿呀呀地背诵起书来。背着背着，若有一处"卡壳"时，他便立即勒住缰绳，翻身下马，拿出书本将背不出来的地方反复温习几遍，直到背熟了，再继续上马赶路。他每到一处便仔细询问人们有关历史、地理等情况，有与书上记载不相符的地方，便亲自实地考察，核对清楚，然后写下笔记。途中若是遇到好书，他就买下来；若别人不卖，他便全文抄录或借来读完再走。

顾炎武到过好多地方，察看名关要塞，游历名胜古迹，跋涉名山大川，往来行程两三万里，所读新书达万余卷。由于他以书为师，以实践为师，书本知识和社会、自然知识都非常宏博，所以他对天文、历法、数学、地理、历史、军事和治国之道等均有深刻的研究。顾炎武一生中著书几十部，卷帙浩繁，在中国学术史上享有很高的声誉。

■故事感悟

顾炎武注重理论联系实际，注重把书本知识和实际知识结合起来。他的敬业精神，足以为后人推崇和学习。

■史海撷英

顾炎武累拒仕清

顺治十四年（1657年）年元旦，顾炎武晋谒孝陵。他在7年之间6次谒孝陵，以此寄托对故国的情思。然后回到昆山，变卖了全部家产，从此走出故乡，一去不回。那年顾炎武45岁。

顺治十六年（1659年），顾炎武来到山海关凭吊古战场。随后20多年里，他一直独自行走江湖，游踪不定，走遍了山东、河北、山西、河南，"往来曲折二三万里，所览书又得万余卷"，结识了很多志同道合的朋友，晚年时才定居在陕西华阴。

康熙七年（1668年），因为莱州黄培诗案，顾炎武被捕入狱，幸得好友李因笃等营救才出了狱。康熙十年（1671年），顾炎武来到京师，住在外甥徐干学家里。熊赐履宴请顾炎武，邀请他修《明史》，他却拒绝说："果有此举，不为介之推逃，则为屈原之死矣！"

康熙十七年（1678年），康熙帝开博学鸿儒科，招致明朝遗民，顾炎武三次写信给叶方蔼，表示"耿耿此心，始终不变"，以死抗拒推荐，还说："七十老翁何所求？正欠一死！要是非逼我听从，就以身殉之！"

康熙十八年（1679年），清廷开明史馆，顾炎武以"愿以一死谢公，最下则逃之世外"，回拒熊赐履。

康熙十九年（1680年），顾炎武的妻子死于昆山，他在妻子的灵位前痛哭祭拜，并作诗："贞姑马鬣在江村，送汝黄泉六岁孙。地下相逢告父老，遗民犹有一人存。"

康熙二十一年（1682年）正月初四，顾炎武在山西曲沃韩姓朋友家，上马时不小心失足跌倒，呕吐不止，五天后便去世了，享年70岁。

■文苑拾萃

秋山二首

（清）顾炎武

其一

秋山复秋水，秋花红未已。

烈风吹山冈，磷火来城市。
天狗下巫门，白虹属军垒。
可怜壮哉县，一旦生荆杞。
归元贤大夫，断脰良家子。
楚人固焚麇，庶几歆旧祀。
勾践栖山中，国人能致死。
叹息思古人，存亡自今始。

其二

秋山复秋山，秋雨连山殷。
昨日战江口，今日战山边。
已闻右甄溃，复见左拒残。
旌旗埋地中，梯冲舞城端。
一朝长平败，伏尸遍冈峦。
北去三百舸，舸舸好红颜。
吴口拥橐驼，鸣笳入燕关。
昔时鄠郢人，犹在城南间。

翁方纲芝麻籽上写小楷

　　翁方纲（1733—1818），清代书法家、文学家、金石学家。字忠叙，一字正三，号覃溪，晚号苏斋。顺天府大兴县（今属北京市）人。

　　清代有一位善于写小楷字的书法家，名字叫翁方纲。他是现在北京大兴县人。

　　翁方纲的眼力非常好，他能在胡麻籽（就是芝麻籽）上写字，开始一粒胡麻籽上只能写一个字，后来就能写四个字了。

　　有一天，一位朋友来找翁方纲，想亲眼看看他是怎样在胡麻籽上写小楷的。翁方纲拿起笔就在一粒胡麻籽上写起来。

　　朋友看完后，从衣袋里掏出一个小纸包，拿出几粒胡麻籽，请翁方纲挥笔写字，留作纪念。翁方纲看这几粒胡麻籽，比以前的稍大一些，可以多写几个字。他就高兴地对朋友说："贤兄要做什么呢？你带来的这几颗籽，每个上面可以写七个字。"

　　朋友想了想说："就写一首唐诗吧！"

　　翁方纲立刻提笔在胡麻籽上端端正正地写了"一片冰心在玉壶"

七个字。朋友一边赞叹，一边小心地包起胡麻籽，像宝物一样珍藏起来。

□故事感悟

翁方纲在胡麻籽上书写小楷字，这可不是一般人所能做到的。对于常人而言，将一个字书写在上面，还要书写好就已经很不容易，而翁方纲却可以书写七个字，这需要多久的耐心和造诣才能做得到啊！

□史海撷英

翁方纲书法轶事

翁方纲的书法主要学习唐楷，始学颜真卿，后又专攻虞世南和欧阳询，特别是欧阳询的《化度寺碑》。在行书上，他主要学习米芾、董其昌和颜真卿。

翁方纲学书非常讲究，笔笔都要有来历。包世臣的《艺舟双楫》中记载了一个他与刘墉互相讥评的故事："乾隆时期，都下言书推刘诸城，即刘墉，以及翁宛平，即翁方纲两个人。戈先舟学士，是宛平的女婿，是诸城的门人。尝质诸城书诣宛平，宛平说：'请问你的书法哪一笔是源自古人？'学士请告诸城，诸城说：'我自成自己的风格，请问您老人家哪一笔是自己的？'"由此可见，翁方纲学习书法的态度是多么严谨，从基本功这点上说，他确实达到了痴迷的境界。《梦园丛说》这样记载道："翁覃溪先生能于一粒芝麻上写'天下太平'四字。"

但他只注重技巧，却始终墨守前人成规，不求创新，没有个人风格。《艺舟双楫》里还提到，包世臣评论翁方纲的书法"只是工匠之精细者"，的确是没有冤枉他。

望罗浮

（清）翁方纲

只有蒙蒙意，人家与钓矶。
寺门钟乍起，樵客径犹非。
四百层泉落，三千丈翠飞。
与谁参画理，半面尽斜晖。

范文澜窑洞写史书

范文澜（1893—1969），字芸台，后改字仲澐。中国历史学家。浙江绍兴人。1917年毕业于北京大学后赴日本留学，1921年回国后在天津南开大学、北京大学、北京师范大学、辅仁大学等校教授中国文学。1925年出版了对中国最早的文学评论著作《文心雕龙》的注释书，之后转向历史学的研究。1935年因支持华北抗日运动遭到逮捕，释放后于1940年奔赴延安，任马列学院历史研究室主任、中央研究院副院长兼历史研究室主任等职。1941年编写了中国共产党干部的教材《中国通史简编》，1945年执笔《中国近代史》（上册），成为中国历史学界的重要学者。1948年担任华北人民政府委员和中原大学校长，1950年任科学院副院长、历史研究所第三所所长等职务。1969年7月29日，范文澜因病在北京逝世，享年76岁。

1940年春天，著名历史学家范文澜来到了中国共产党中央所在地延安。消息不胫而走，当时延安的几个院校师生以及有关部门领导，还有范文澜的昔日好友都十分高兴，中央主要领导人还亲自接见了他。

此时，正处于抗日战争时期，延安的住房条件、生活条件和工作条件都十分差。范老一家三口人，住的是一孔窑洞，吃的也以稀饭为主，干饭很少吃，肉类几乎没有。每人每月发几张边区生活补贴票，用来买一点儿日用必需品或其他东西。

工作条件那就更不用说了，范老的书房、餐厅、厨房以及寝室全在这孔窑洞里，十分拥挤。最里边是两个简易的大木床，靠窗处是他自己找来的几块木板、四条木棍，别人帮助做成的简易桌子。看书写字时，它是书桌；吃饭时，它又成了餐桌。在桌子的后面摆着一个长条凳子。谁能想到，一位著名的历史学家就是在这种条件下开始了《中国通史简编》的写作。

就是在这里，范文澜伏在"桌子"上夜以继日地写着。晚上没有电灯，只有一盏小油灯。点灯的油只有蓖麻油，窑洞里烟雾迷漫，熏得范老睁不开眼睛，而且咳嗽不止。油灯发出的光很暗，他只能把头贴近灯才能看清书上的字。实在太累了，就把身子靠在窑洞的土墙上稍稍休息片刻，并用纸卷着当地出产的烟叶抽几口解解乏，接着便又马上写起来。由于延安的纸张极为缺乏，范老用的稿纸质量很差，反光很厉害，非常刺眼……就是这样，范老还是不顾一切地写着。

到了1945年，抗日战争胜利时，范文澜在极其艰难的延安窑洞生活中完成了《中国通史简编》上、中、下三册，共计90万字，以及《中国近代史》约20万字，并发表了很多篇论文，对中国史学界影响极大。

■故事感悟

范文澜为了坚持完成《中国通史简编》，几年来笔耕不辍，夜以继日，克服了生活上的种种困难，最终完成了对我国史学界影响极大的著作。我们应当学习范文澜的这种不畏艰难、持之以恒的精神。

范文澜著书经历

范文澜在私塾上学时，就已经读过四书五经和《泰西新史揽要》。他特别爱读《礼记》"大同之世"、陶潜的《桃花源记》，还背着师长偷看古典小说。

上中学后，范文澜的阅读范围更加广泛，他喜欢读外国的小说《鲁宾逊漂流记》，还喜欢读《国粹学报》中章炳麟等人的文章。

大学时，范文澜跟随刘师培学治经、跟陈汉章学史、向黄侃学文，经常看《新青年》。在南开大学教书时，应顾颉刚之约，出版书刊。他出版的学术著作就是1925年出版的《文心雕龙讲疏》。1926年，他出版了《群经概论》。1931年出版了《正史考略》。《文心雕龙讲疏》后来改名为《文心雕龙注》，于1936年出版。

从范文澜早期的三部学术著作可以看出，他非常精通文学、经学、史学。此外，他还在1929年编写过一本"消遣苦闷的岁月"的资料书——《水经注写景文钞》，1935年也写过一本宣传爱国思想的通俗读物——《大丈夫》。这些书都是在他接受马克思主义之前写的。

抗战胜利后，范文澜加入了中国共产党，在政治上不断进步，学术上也迈进了马克思主义的辉煌殿堂。《中国通史简编》和《中国近代史》上册，是他耗费了后半生精力撰写出来的重要著作。

范文澜到延安后，开始撰写中国通史。当时拟定的写作准绳是"略前详后，全用语体，揭露统治阶级罪恶，显示社会发展法则"等。全书拟分为上中下三册，从上古到五代为上册，1941年出版；从宋辽到清中叶为中册；下册只有从鸦片战争到义和团运动这部分，命名为《中国近代史》上册，1946年出版。前两册合称为《中国通史简编》。

沁园春·雪

范文澜 译

　　这是北方的风景啊！千里万里的大地，被冰封住了，大雪飘飘地落着。老远望去，长城里边和外边，只是一片空旷；黄河高高低低，波浪滚滚的河水，一下子冻结不流了。一条一条的大山，好像白蛇在舞蹈；一块一块的高原，好像白象在奔跑。大山高原，都在跳动，要和老天比一比谁高。等到晴天，看鲜红的太阳照起来，像个美女抹着胭脂，披着白衣，格外美妙。

　　中国国土这样好，引起无数英雄争着要。可惜的是，得到胜利的皇帝，秦始皇、汉武帝、唐太宗、宋太祖，武功虽然强大，对文化的贡献却嫌少。名震欧亚的成吉思汗，只懂得骑马射箭打胜仗。这些人都过去了，算算谁是真英雄，还得看今朝。

徐松钻研西北史地

徐松（1781—1848），字星伯。原籍浙江上虞人。清代翰林，著名地理学家，有《西域水道记》《新斠注地理志集释》《汉书西域传补注》《唐两京城坊考》等著述。徐松为清代研究西北历史地理先驱者之一。

乾隆四十六年（1781年），徐松出生于浙江绍兴，后随父移居顺天大兴（今北京大兴县）。他少年得志，自举人而进士，曾入职南书房，派入全唐文馆，又充文颖馆总纂。嘉庆十年（1805年），二甲第一名进士，授翰林院编修。于嘉庆十七年（1812年）受人劾奏，戍守伊犁，为期6年。

徐松谪戍伊犁因祸得福，受到了伊犁将军孙筠的器重，继续著名的清初西北史地学人祁韵士编写《伊犁总统事略》的工作，并被允许实地调查，"先生于南北两路，壮游殆遍。每所之适，携开方小册，置指南针，记其山川曲折，下马录之。至邮舍，则进仆夫、驿卒、台、通事，一一与之讲求。积之既久，绘为全图。乃偏稽旧史方略及案牍之关地理者，笔之为记。……孜孜不倦，十年成书"。

调查的结果使徐松完成了《西域水道记》等边疆书籍，以西域五大流域为纲，综合记载了沿途的山脉、城堡、史迹、民族语言和风俗等，资料翔实，极富权威性，是他的代表作。

在乾嘉时期，热衷于西北边疆的学者几乎都和徐松"交往甚密"，由此形成了以他为核心的"京师西北学人群"。

与徐松有密切往来的人还有龚自珍、魏源、俞正燮、张穆、沈垚、何绍基等人，他们经常一起切磋西北史地以及天文、历算等各种学问。徐松所居在顺治门（宣武门）大街，厅事前有一棵古槐，矫健挺拔，直入云霄，言之曰荫绿轩（《西域水道记》即在这里精心完成），书斋处曰治朴学斋。各界名流相见恨晚，徐松也常在陶然亭宴请同好，沈垚这样描述道："天气晴和，微风散馥，酒酣以往，书扇作画，哦诗联句，读曲踏歌，极其兴之所至，可谓乐矣，夕阳将堕，客犹未数，沈先归，步出亭，清风拂于疏木，恍若鸾凤之音自天而降，不觉胸中郁滞，一时消融顿尽，而心之灵明，又以虚而将有所受：夫乃叹胜地良辰、友朋会集之不可少也。"

著名的书法家何绍基和这群热爱西北史地的学者也有密切来往，其诗词也对此做了很多描述："星伯徐丈人，名重天禄阁。洎为绝塞行，专究舆地学。李（申耆）张（石州）与魏（默深）沈（子敦），同时考疆索。……当时谈艺欢，我曾闻其略。觥觥盛名儒，冉冉归夜壑。大息抚遗笺，时艰竟安托！"而且还记叙道："酒光烛影方熊熊，议论飙发开我蒙。忽然四座寂无语，天倪道味相冲融。纸窗夜半明华月，开门飞满一天雪。"

龚自珍曾写过一首诗赠给徐松："夹袋搜罗海内空，人材毕竟恃宗工；笥河（朱筠）寂寂谭馩（翁方纲）死，此席今时定属公。"因此，缪荃孙说："先生学识宏通，撰著精博，负重望者三十年。"

徐松离京做官的时间很短，大部分时间都在京城治学。在这群学者中，他可以说是居京时间最长的人，而且由于能够亲历边疆实地考察，著成边疆书籍，又积极召集志同道合的朋友一起讨论边疆问题，从而营造了非常好的为学氛围，也使他成了这群学者的核心人物。

□故事感悟

徐松没有因为被贬而气馁，反而因祸得福。他持册，配指南针，记录山川的曲折，积而成图，营造了一个很好的氛围，也确定了他研究边疆地理历史的核心地位。徐松就是靠着自己这样坚韧的性格，奠定了自己的历史地位。

□史海撷英

《西域水道记》

《西域水道记》(外二种)由清代大学者徐松所著，该书是关于西域历史地理方面的名作。"外二种"是《汉书西域传补注》《新疆赋》。虽然三种著作体裁皆不同，但对象一致，内容也相互关联。出版后、流传的书名多以《大兴徐氏三种》《西域三种》《徐星伯先生著书三种》等为主。

《西域水道记》记载了西域各条河流的发源、流域、所入湖泊等详细的地理资料，范围囊括了今嘉峪关以西直至巴尔喀什湖以东和以南的广大西北地区。该书仿照《水经注》体例，自为注记，除了详细记载各条河流的情况，还对流域内的政区建置沿革、典章制度、厂矿牧场、名胜古迹、重要史实、民族变迁等进行了详尽的考证。

以学术角度观来看《西域水道记》，可以看到它所具有的三个显著特点。

一、重视实地调查、踏勘。作者走遍了天山南北，所到之处，均进行详细的调查记录和地图绘制。

二、根据内陆河流归宗湖泊的规律，创造性地将西域水道归为 11 个水系。

三、充分应用西方先进的投影测绘技术，获得了准确的西域地理经纬度。

另外，这本书不仅有极大的使用价值，而且文字简洁，优美生动，很多篇章段落都可以当作游记阅读，具有很高的艺术欣赏价值。与此同时，徐松还进行了《汉书西域传补注》的撰述，考证和修订古代地名沿革，与《西域水道记》有相得益彰之妙。二书中往往有"互见"字样，足见作者的匠心独运。

《新疆赋》是文学创作，该文记叙了乾隆以来平定西域、开疆辟土的功绩，同时也对新疆南北二路的山川地理做了简明扼要的描述。

王若飞狱中笔耕不缀

王若飞（1896—1946），原名运生，号继任。贵州安顺人。中国共产党员，革命烈士。1903年迁居贵阳，随舅父黄齐声生活学习。1915年，在舅父黄齐声的带领下参加"反袁运动"，从此走上革命道路。1917年，在黄齐声的带领下留学日本。1919年，五四运动爆发，看着日本人举行庆典，王若飞等人义愤不已，愤然离日回国。1919年赴法勤工俭学，在法国勤工俭学期间，于1922年6月参与发起成立旅欧中国少年共产党，积极从事马克思列宁主义的宣传工作。

20世纪30年代初期，在内蒙古归绥市一所国民党监狱里，有一个阴森潮湿的囚室，里面黑洞洞的，活像个墓窟，只有两边的小铁窗各有一缕光线照射进来。小铁窗的窗口不时有鬼鬼祟祟的影子在晃动，看守人员饿狼似的眼睛不时地向里面窥视着。

牢房内囚禁的据说是一个共产党中的大人物。此人面庞清秀，眉宇间流露出坚毅顽强的神采。这时，他正在敌人的眼皮底下紧张地写作，一边写，一边不住地抬头注视着小窗口，以避开敌人的监视。不料，他写着写着便入了迷，只注意了一边的窗口，却疏忽了另一边，结果被敌人发觉了，如狼似虎的看守人员立即冲进了牢内……

这个身陷囹圄的人的确是位共产党员，真名叫王若飞。他是1931年10月在内蒙古开辟武装斗争时，被国民党特务逮捕，并被关进了归绥监狱。

在狱中，王若飞被关在与人隔绝的斗室之中，但仍不忘自己的革命工作，决定用笔来战斗。

要在监狱里写作，该有多难啊！首先，得设法解决写作工具的问题。王若飞同志托几位做苦工的难友好不容易买来了一小锭墨，一支小楷羊毫毛笔。为了防备敌人检查，易于保存，他将笔杆截短，只留下一寸多长，使用时在墨锭上蘸点水，把笔捏在手心里写作。过了一阵子，墨锭浸水后破碎不能用，他又想法托人买了个铜笔帽来，把墨弄成小块，放在里头，吐点唾沫，用笔蘸着写。

后来，因为笔太大，在笔帽里蘸墨不方便，就改用火柴棍写。火柴棍尖端容易碎裂，还是不行，王若飞又从破炕席上抽出一些芦苇棍来写。

笔墨算是凑合着解决了，纸张问题怎么办呢？香烟盒里的衬纸可以写一点，有时干脆写在各种书的字里行间，要是能托人买到一点白报纸，那就是最理想的了。

有了这些简陋的"文具"以后，王若飞就拼命地写作起来。监狱里晚上是不许点灯的，只能完全利用白天的时间，可是白天敌人又监视得很严，而且还得对付一周两次的检查。环境虽然这样恶劣，但王若飞仍想尽一切办法，利用一切机会勤奋地写作。

冬天，寒风刺骨，王若飞将身下的杂草编织起来，并用它紧紧地围住自己的身体，在一块石头上坚持写作。

夏天，天气闷热，蚊虫叮咬，王若飞每天总是凑近窗口，把纸摊在膝盖上，左手拿着铜笔帽，右手握着芦苇棍，一边吐着唾沫蘸着墨水，一边注意着窗外敌人的行动，一笔一画、一字一句地坚持写作。

在遭到敌人的一次突然检查后，写作工具被破坏了，王若飞又托一个熟悉的看守买了个更加小巧的铜笔帽，重新装备起来，用时捏在手心，不用时就埋进土里。没有纸了，就写在线装古书的背面，写完了再翻过去，恢复原状。

就是在这样艰苦的条件下，王若飞始终勤奋写作。在监狱的几年中，他平均每年写下了十多万字的战斗檄文。这些文章里，有的是论述面对国内外发生的重大事件，我们应采取的态度；有的是写对重大节日的纪念，以及对某些思想认识问题的见解；有的是用书刊评论、杂文、小品等形式，对反动思想和错误观点进行批判；有的则是给当时的绥远省政府主席傅作义的信，对一些重大问题与傅作义进行辩论，并阐述关于发动全民抗日等问题。

这些闪耀着共产主义思想光辉、蕴蓄着共产党员惊人毅力的文章，对当时监狱内外的革命斗争起到了相当重要的推动作用。

■故事感悟

王若飞坚持在牢狱里写作，不断地用各种方式与敌人作斗争，评论国内外的重大事件，推动了革命斗争的发展和进步。

■史海撷英

监狱里的锻炼

王若飞是一位无产阶级革命家。新中国成立前，由于从事革命工作，他不幸被捕了。王若飞经常在监狱里对难友们说："敌人总是想摧残我们，我们就一定要爱护好自己的身体。我们是革命者，决不能向恶劣的环境屈服，一定要坚持斗争。

王若飞的身体不太好，为了坚持和敌人的斗争，他就想尽一切办法、利用一切条件来锻炼身体。他在狱中的锻炼方法之一就是日光浴，利用每天短暂的放风时间到院子里晒太阳。后来，他患上了风湿性关节炎，因为太严重，敌人不得不允许他每天晒一两个小时的太阳。于是，他就利用这个机会，躺在院子里接受阳光的洗礼，直到皮肤被晒得一片紫红。

王若飞还有一种锻炼身体的方法是用冷水擦身。当时，反动派极尽所能地折磨政治犯。别说洗澡，就连水都不给喝。但王若飞的言行却感动了出身贫苦的老看守员，他悄悄买了几只大碗给王若飞，王若飞每天就用它盛冷水，再拿手巾擦拭全身，直到全身发红为止。此外，王若飞还有另外一种锻炼方法，就是"室内体操"，动作包括伸腿、弯腰、屈臂等动作，无论严寒还是酷暑，他都从不放弃。

见王若飞这么苦练身体，很多难友都迷惑不解。有一次，一个难友就问他："我有件事想问你，你骂国民党，骂蒋介石，天不怕，地不怕，还不怕死，真是英雄。但是，你在这样的监狱里却还愿意天天练操，似乎又很爱护身体，这是为什么呢？"王若飞回答说："我不怕死是因为敌人要破坏我们的真理，这就需要我们用生命去保护；我爱护身体，就是为了能有个健壮的身体，好更有力地去保卫真理啊。我生是真理的人，死是真理的鬼，除了真理，没有什么东西是我自己的！"

王若飞简单明了的解释，让难友们茅塞顿开，精神振作，于是也都开始刻苦锻炼起来，投入到了更加艰苦的斗争中。

汉学大师钱大昕

钱大昕（1728—1804），字晓征，一字辛楣，晚年自署竹汀居士。中国清代史学家、语言学家。江苏嘉定（今上海嘉定）人。中国18世纪最为渊博和专精的学术大师，王昶、段玉裁、王引之、凌廷堪、阮元、江藩等著名学者都给予他极高的评价，公推钱氏为"一代儒宗"。钱大昕参与编修《热河志》，与纪昀并称"南钱北纪"。他又修《音韵述微》《续文献通考》《续通志》《一统志》及《天球图》诸书。

钱大昕治经，主要受两个人的影响和启发，一是顾炎武的治经方法论思想"读《九经》自考文始，考文自知音始"，二是惠栋的治经宗旨"五经出于屋壁，多古字古言，非经师不能辨。经之义存乎训，识字审音，乃知其义。是故古训不可改也，经师不可废也"，遵循由训诂以明义理的原则。

在钱大昕眼里，文字是《六经》的载体，只有先掌握字音，才能弄懂经书所蕴涵的义理。训诂明，义理才能明。他说："《六经》皆载于文字者也，非声音则经之文不正，非训诂则经之义不明。"又说："有文字而后有训诂，有训诂而后有义理。训诂者，义理之所有出，非别有义理出乎训诂之外者也。"

由于重视音训诂在获取经书义理中的重要作用，钱大昕对汉儒的训诂考订学问产生了莫大兴趣，十分欣赏汉儒的治学思想，对汉学给予了高度评价。他说："《六经》者，圣人之言，因其言以求其义，则必自训诂始；谓训诂之外别有义理，如桑门以不立文字为最上乘者，非吾儒之学也。训诂必依汉儒，以其去古未远，家法相承，七十子之大义犹有存者，异于后人之不知而作也。三代以前，文字、声音与训诂相通，汉儒犹能识之。"

钱大昕还说："夫穷经者必通训诂，训诂明而后知义理之趣，后儒不知训诂，欲以乡壁虚造之说求义理所在，夫是以支离而失其宗。汉之经师，其训诂皆有家法，以其去圣人未远。魏、晋以降，儒生好异求新，注解日多，而经益晦。"

不难发现，钱大昕是非常推崇汉儒的治经理念和方法的。其原因有三个方面：一是汉儒以小学训诂和名物考辨为自身学术特质，论事有根有据；二是汉儒作古不远，文字音韵训诂与经典一致；三是汉儒治经、训诂都有家法师承，不失经典本旨。正是由于认识到了汉儒治经的这些特点，他在遇到后儒与汉儒在训释上的矛盾时，一般都站在汉儒的一边。

钱大昕所说的"汉儒"是东汉诸儒，其代表人物是许慎、郑玄、贾逵、马融、卢植等。东汉时期，古文经学兴盛，异字异音与经师传授的版本不尽相同，另外《诗》《礼》等经籍又多是名物典制，所以用以上诸儒解经，十分重视小学训诂。他们在小学方面的修养很深，在王国维看来，东汉古文学家就精通小学，所谓"后汉之末，视古文学家与小学家为一……原古文学家之所以兼小学家者，当缘所传经本多用古文，其解经须得小学之助，其异字亦足供小学之资，故小学家多出其中"。正是由于这些学者有很好的小学素养，才使东汉古文经学得以兴盛。这个优良传统被钱大昕所继承并发扬光大，而自觉效仿。

尽管钱大昕推崇古文经的东汉儒者，但也不排斥治今文经的西汉学者。钱大昕对于古今文经也有开明的看法，他说："汉儒传经，各有师承，文字训诂多有互异者""伏（生）、郑（玄）所传，有古今文之别，要未必郑是而伏非也"。

钱大昕评论汉代学术的时候，没有预设什么今古文门户的见解，他治经的目的是求得儒学本真，剔除糟粕，从而获得圣人微言大义的真相。也就是说，在他看来，圣人经典在流传的过程中，会由于文字的错讹、音读的遗失以及后儒主观的附会，使之渐渐隐藏了本来的面目。这不但会影响人们对经典的正确理解，还可能影响到政治统治的理论基础。

所以，钱大昕将"刊落浮词，独求真解"作为自己治学的最大目的，同时，这也是乾嘉时期大多数学者的共识。因此，只要是能求得儒学真解的学术，都会得到钱大昕的赞扬，无论是今文派的伏生、董仲舒，还是古文派的郑玄等，只要他们的学说能有效揭示儒学的真谛，他都是非常认可的。钱氏曾多次提到东汉诸儒，就是因为东汉之前的学说很少传世，很难求得，所以退而向东汉求取。

钱氏对汉儒经学的评论主要体现在方法上，即主要在工具层面。对于汉儒治经的思想，钱氏很少涉及。

在肯定汉儒治经重训诂考订的基础上，钱大昕也研究了清以前的学术发展情况，他曾说过："汉儒说经，遵守家法，诂训传笺，不失先民之旨。自晋代尚空谈，宋贤喜顿悟，笑问学为支离，弃注疏为糟粕，谈经之家，师心自用，乃以俚俗之言诠说经典。若欧阳永叔解'吉士诱之'为'挑诱'，后儒遂有诋《召南》为淫奔而删之者。古训之不讲，其贻害于圣经甚矣。"

钱大昕认为汉儒学术很醇正，魏晋一直到宋明，治学则偏向于阐述义理，不讲训诂注疏，学风空虚。到了清代，学术研究之风又开始转向敦实。

不过，钱大昕对魏晋至宋明的学术特征也把握得不够精准，特别是他以汉儒治经的方法为标准评判后世学术，没有结合时代背景、学术发展的内在理路去认识，都显示了他汉学家的立场。

当然，他在论述学术发展时，也贯穿了明确的意旨，即反对空谈，崇尚实学，反对师心自用，崇尚立论有本。

钱大昕对宋、明学术，从两个方面进行驳难。

一是工具层面上，他抨击宋明人研究学术的方法说："自宋、元以经义取士，守一先生之说，敷衍傅会，并为一谈。而空疏不学者，皆得自名经师。间有读汉、唐注疏者，不以为俗，即以为异，其弊至明季而极矣。"等等，在他看来，宋人治经，不懂训诂，率意改经，重视发挥，好与前人立异，只求奇谈怪论，不求实事求是。这也是钱大昕所以常常将汉学与宋学对立而取汉学的缘故。

二是思想层面上，钱大昕驳斥了宋明理学中的很多范畴。他在评论"性几理"时说："……获罪于天，无所祷"，谓祷于天也，岂祷于理乎？《诗》云："敬天之怒，畏天之威。"理岂有怒与威乎？又云："敬天之渝。"理不可言谕也。谓理出于天则可，谓天即理则不可。

"性即理"是程朱理学对于人性的一个重要范畴，为程颐所提，由朱熹完善。在他们的哲学逻辑结构中，"理"与"道""天"属于同一范畴。

随着历史条件的变化，钱大昕批判宋明理学为空谈和顾炎武有所不同。顾炎武的目的是要总结明朝灭亡的教训，提倡经世实学，而钱大昕更关注学术的是非。

显然，钱大昕对宋明理学的那套哲理是不赞同的，他对理学"性""道"等的驳难，都是为了把儒家伦理纲常化为人们日常生活的准则。其积极的一面是学风由玄远转为浅近，由空虚转为敦实；从消极方面看，他对理学的哲理性思辨不大了解，只以日常伦理批驳理学的思辨，在一定程度上限制了理学的进一步发展。

钱大昕之所以抨击宋明理学，还有个原因是宋儒引佛进儒。理学原本是儒、释、道三者的结合，学者既修儒学又归心释道也是情理之中。

钱氏小时侯受父亲影响，对佛学比较反感，总劝说人们"佛仙都虚幻，休寻不死方"。在理论上，他认为佛教六业轮回说败坏了人伦，佛教徒抛弃父母兄弟而出家，更是人伦所不容。他说："人之所以异于禽兽者，以其有五伦也。唯人皆有孝悌之心，故其性无不善……释氏弃其父母昆弟而不知养，虽曰谈心性何益？"

宋儒将佛教和儒学混合在一起，钱大昕认为破坏了儒学的精蕴，他说："释子之语录始于唐，儒家之语录始于宋。儒其行而释其言，非所以垂教也。君子之'出辞气必远鄙倍'。语录行，而儒家有鄙倍之词矣。"

■故事感悟

钱大昕对于汉学可谓是真正的大师，他严谨而不狂妄，尽管钱大昕与宋、明理学在很多问题上认识不同，但他对宋、明儒者正心诚意、躬行自修十分推崇，且树为楷模。这种态度也决定了他的大师名号。

钱氏宗祠

"钱氏宗祠"建于清朝中期，位于北京南城崇外原三里河以北、北桥湾街以东的薛家湾胡同。钱氏宗祠原占地面积约300平方米，分三个院落。前院主要是钱氏祠堂，里面供有钱氏画像、牌位，康熙和雍正赐的"保障江山""保我子孙"的匾额和乾隆时的官窑瓷器等；中院为娘娘祠堂，供奉着钱氏夫人的牌位；后院是花园。

钱氏祠堂坐北朝南，门不大，带脊。门的上方墙上镶着一块石匾，刻有"钱氏祠堂"四个大字。斑驳的木门上挂着一副对联，字迹模糊，依稀可见上联为"武肃勋名久"，下联为"彭城世泽长"，横批是"铁券家声"。

根据《宸垣识略》记载："吴越王钱镠祠在芦草园，雍正二年敕封诚应吴越武肃王。其裔孙世章创建西竺庵，在南芦草园。"其中，"芦草园"是薛家湾的笔误。"其裔孙世章创建西竺庵，在南芦草园"。就是今南芦草园胡同路南30号（旧门牌40号）大门内，也叫大西竺庵，如今早已破旧不堪。200多年以来，钱氏后裔一直居于其中。

第二篇

孜孜不倦终有成

伯牙拜师大自然

伯牙（生卒年不详），春秋战国时期晋国的上大夫，春秋时著名的琴师，擅弹古琴，技艺高超，既是弹琴能手，又是作曲家，被人尊为"琴仙"。

《荀子·劝学篇》中有伯牙鼓琴的记载，《乐府解题》中又写到伯牙学琴的故事。

伯牙生于春秋时代，年轻时拜成连为师，学习抚琴，三年过后技巧成熟，但听起来总不够高雅。他的老师对伯牙说："我已把全部技艺教给了你。如果你想继续深造，只有请我的老师了，他住在东海蓬莱山上。如果你同意，我和你一起去。"

伯牙欣然同意了。二人来到蓬莱山上，四处查找，不见人影。成连说："你暂时留在这里，我再到别处去找！"说完就走了。伯牙在山上等候，很长时间也不见先生回来。于是，他起身沿着山间羊肠小道漫步，不觉越走越高，索性向山峰爬去。

到了山顶上，只见林幽山深，百鸟争鸣。清风徐徐，云雾缭绕，如置身仙境一般。看到这美丽的大自然景色，伯牙不禁心旷神怡，感到从没有过的轻松愉快。他把随身带的琴拿出来，即兴演奏了一首乐曲。他觉得琴音、意境也与自己身体融为一体了。

这时，传来成连的声音："伯牙，弹得好啊！"伯牙循声望去，只见成连在船上向他招手呢！他赶快下山到岸边去见老师，说："您找到先生了吗？我等得好苦啊！"成连捋着胡须，大笑着说："还用请什么先生呢？你陶醉于高山流水尽情地弹奏，不是弹得地作天成吗？大自然就是最好的老师。"伯牙悟出了成连的苦心，连连躬身作揖道谢。

从此，伯牙以大自然为师，刻苦练自己的琴技，终于成为举世闻名的琴师。

■故事感悟

伯牙抚琴，以大自然为师，并最终将自己磨练成为一位举世闻名的琴师。此故事告诉我们，只有心真正用在学上，才能使自己的专业更出众。

■史海撷英

高山流水觅知音

根据记载，有一年，伯牙奉晋王之命出使楚国。中秋那天，他乘船到了汉阳江口。因为风浪太大，他就停泊在一座小山下。晚上，风浪慢慢平息，云开月出，景色十分迷人。仰望明月，伯牙忽然琴兴大发，拿出随身带来的琴，专心致志地弹奏起来，一曲接着一曲。正当他完全沉浸在优美的琴声中时，忽然看到有个人在岸边一动不动地站着。伯牙大吃一惊，手下发力，"嘭"的一声，拨断了一根琴弦。伯牙正猜想岸边那人为何而来时，那人就大声地对他说："先生莫要疑心，我是个打柴的，回家晚了，走到这里时听到了您的琴声，感觉十分美妙，所以就停下听起来。"

伯牙定睛细看，那人身旁果然放着一担干柴，是个打柴人。他心想：一个打柴的樵夫怎么也能听懂我的琴呢？于是便问道："你既然识得琴声，那请问我刚才弹的什么曲子？"

打柴人一听，便笑着回答："先生，您刚才弹的是孔子赞叹弟子颜回的曲谱。可惜的是，弹到第四句时您的琴弦断了。"

打柴人回答得非常正确，伯牙不禁大喜，忙邀他上船细聊。打柴人看到伯牙的琴就说："这是瑶琴，传说为伏羲氏所造。"接着他还说出了这把琴的来历。

听了打柴人的这番讲述，伯牙心中不由暗自佩服。接着他又为打柴人弹了几曲，请他辨别其中的意思。当弹出的琴声雄壮高亢时，打柴人说："这琴声表达的是高山的雄伟气势。"

当琴声变得清新流畅时，打柴人又解释说："这琴声表达的是连绵的流水。"

伯牙一听万分惊喜，以前可从没人能听懂他琴声里的含义啊！而眼前这个樵夫居然听得明明白白。想不到在这野岭之下，还能遇到苦苦寻觅的知音。因此，他询问打柴人的名字，得知他叫钟子期，两人交谈甚欢，相见恨晚。他们还结拜为兄弟，约定来年中秋再到这里来相会。

第二年中秋，伯牙如约来到汉阳江口，等候钟子期。可他等啊等，许久都不见钟子期的影子，因而他就弹起琴来召唤这位知音。又过了很长时间，还是不见人来。第二天，伯牙向一位老人打听钟子期的下落，不料老人却告诉他说，钟子期染病去世了。临终前还留下遗言，要把坟墓修在江边，好在八月十五时听到伯牙的琴声。

伯牙听了老人的话，悲痛万分。他来到钟子期的坟前，凄楚地弹起了古典名曲《高山流水》。弹罢，他挑断了琴弦，长叹一声，拿起心爱的瑶琴在青石上摔个粉碎，无限伤心地说："我唯一的知音已不在人世，这琴还能弹给谁听呢？"

后人深深感动于两位"知音"的友情，在他们相遇的地方筑起了一座古琴台。直到今天，人们还常用知音来形容朋友之间深刻的友情。有诗篇传诵道："摔碎瑶琴凤尾寒，子期不在对谁弹！春风满面皆朋友，欲觅知音难上难。"

《高山流水》

《高山流水》是中国十大古曲之一，源自俞伯牙手笔。关于这首曲的来历，有这样一个故事，传说先秦的琴师伯牙有一次在荒山野地里弹琴，被一个名叫钟子期的樵夫闻听，居然能知其中之意，说这是描绘"巍巍乎志在高山"和"洋洋乎志在流水"。伯牙十分惊叹："善哉，子之心而与吾心同。"

后来，钟子期不幸去世，伯牙痛失知音，遂摔琴绝弦，终身不操，《高山流水》之曲由此而来。后人常用它来比喻知己或知音，也比喻乐曲高妙。

刘德升创立"行书体"

刘德升（生卒年不详），字君嗣。颍川（今禹州市）人。东汉桓帝、灵帝时著名书法家，行书书法创始人，因创造了介于楷书与草书之间的"行书"字体，又被后世称为"行书鼻祖"。刘德升的行书虽草创，但字迹妍美，风流婉约，务求简易，笔画从略，离方遁圆，浓纤间书，如行云流水，被后人列为"妙品"。

东汉的时候，有一位书法家叫刘德升。他从小就爱动脑筋，碰到什么不懂的事就反复琢磨，或者去问父亲母亲，一直到弄懂为止。

上学以后，老师先教他写楷书，又教他写草书。他练了一段时间，感到楷书太死板，写起来太慢；草书又太潦草，不容易认清楚。能不能把这两种字体结合起来呢？刘德升开始琢磨起来。他还把自己的想法告诉了老师，老师鼓励他说："你的想法很好，可以试试，坚持不懈地摸索下去，我相信你会成功的。"

从此，刘德升常常把一个字的楷书体和草书体放在一起比较，然后挥笔书写，试着把这两种字体结合起来，寻找既不潦草又不死板的写法。

有一次，刘德升和父亲母亲一起吃饭，吃着吃着，他慢慢放下碗，用筷子在桌子上划起来，一边划，一边嘴里还小声念着什么。

母亲看到他这个样子，忙问他："孩子，你怎么啦？是不是病了？"

刘德升回答说："我没有啊，我是在琢磨一种新的字体呢！"

父亲听了，对他说："你有雄心，当然很好。不过，你年纪还小，应该多练习写字，等把字写好了，再去琢磨新的字体也不晚。"

刘德升听了父亲的话，坚持不懈地练习书法的基本功，并且不忘探求新字体的写法。经过多年的努力，他终于创造出一种既写得快又看得清楚的字，就是"行书"。

刘德升的行书很有名，后来很多有成就的书法家都学过他的行书。

■故事感悟

刘德升因为勤于发问，认识到了生活中楷书和草书的缺点，才有意识地把两种字体结合，从而创造了行书。故事告诉我们，多多感悟生活，你也会有意想不到的惊喜。

■文苑拾萃

中国书法第一帖

《兰亭序》是东晋右将军王羲之的得意之作，记述了他与当时众多达官显贵、文人墨客雅集兰亭、修禊事也的壮观景象，抒发了他对人之生死、修短随化的感叹。崇山峻岭之下，茂竹修林之边，乘带酒意，挥毫泼墨，为众人诗赋草成序文，文章清新优美，书法遒劲飘逸，历代奉为极品。宋代大书法家米芾赞誉它是"中国行书第一帖"。王羲之也因此被后人尊为"书圣"。

后人在研究他的书法时常常忍不住惊叹："点画秀美，行气流畅""清风出袖，明月入怀""飘若浮云，矫若惊龙""遒媚劲健，绝代所无""贵越群品，古今莫二"。

传说王羲之本人也曾多次再书《兰亭序》，但均不及原作，因此《兰亭序》原稿也一直被他视为传家之宝，为其后代所收藏。但传至王羲之第七代时，被唐太宗李世民"骗"入了宫中。

唐太宗得到《兰亭序》后，爱不释手，就命名手赵模、冯承素、虞世南、褚遂良等人钩摹数个乱真副本，分赐给亲贵近臣，以后民间也广为临摹，但从无一人能胜过原作，所以《兰亭序》真迹被唐太宗视为稀世珍宝，最后成了他的殉葬品。这更使后世对《兰亭序》原作崇敬不已，称其为中国书法第一帖是当之无愧。

蔡邕创立"飞白书"

蔡邕（133—192），字伯喈。陈留圉（今河南杞县南）人。东汉末年名士。博学多才，通晓经史、天文、音律，擅长辞赋。灵帝时，蔡邕被召拜郎中，校书于东观，迁议郎，曾因弹劾宦官流放朔方。献帝时，董卓强迫他出仕为侍御史，官左中郎将。董卓被诛后，为王允所捕，死于狱中。蔡邕著诗、赋、碑、诔、铭等共104篇。他的辞赋以《述行赋》最知名。

东汉的时候，有一位很有名的文学家和书法家，名叫蔡邕。他曾经把古代六部有名的书（称为"六经"书）写在石碑上，由工匠刻出来，立在太学门外。石碑刚立起来，就有很多人前来观看，有赞叹的，有学着写的，每天来往的车辆多得把道路都堵住了。

有一次，蔡邕到皇宫里去拜见皇帝。出来的时候，路过一个地方，看见有几个工匠正用扫帚蘸着白灰在墙上写字，写出来的字龙飞凤舞，雄健有力，笔画中还有不少空白，非常好看。蔡邕站在那里，不由得看出了神。他仔细观察工匠们运"笔"的方法，看他们手和腕部的动作，看了很久才回家去，连已经约好到一个朋友家去吃饭的事都忘了。

回到家里，蔡邕还在琢磨这件事。从这天起，他每天在家里模仿刷墙的工匠，用扫帚在墙上又写又画，摸索写这种字的规律。结果，本来干干净净的墙壁，让他弄得乱七八糟。

他的夫人见了，生气地对他说："你中了什么邪？不在纸上写，偏要在墙上乱写，跟个小孩子似的。"

蔡邕笑着说："你不知道，我正在琢磨一种新的字体呢！"

经过长时间的摸索，蔡邕创造的新字体终于诞生了。这种字体在笔画中露出一丝丝白，人们就叫它"飞白书"。它的形状又像布帛迎风飞舞，所以，也有人把这种字体叫做"飞帛"。

■故事感悟

蔡邕路遇工匠运笔入神，驻足学之，可见越是学问大的人，做事做人越是谦卑。善于学习、敢于创作的人才是最值得学习和敬佩的。

■史海撷英

蔡邕看碑

有一次，蔡邕外出办事，路见一座古碑，被深深吸引了。他停下来仔细看碑文，越看越爱看，自言自语地赞叹道："这碑文的字写得真好，写得真好啊！"

办完公事后，蔡邕又忍不住来看那碑文。他为了把那种字体写法学到手，决定先不回家，而是在附近找个地方住了下来，从此天天去看，边看边琢磨，边看边写。白天看后，晚上回到住处又拿起笔学写。就这样，一晃就是三个多月。

因为三个多月都没回家，家人都急坏了。当他回到家说起这件事时，女儿蔡文姬奇怪地问父亲："一座碑文能有多少字，要看这么久啊？"

蔡邕笑了笑说："写字就和你平时弹琴一样，也是需要感情的。写字要先放开胸怀，认真地揣摩每个字的精神：有的像人走动，有的像鸟飞翔，有的像动物爬行，有的像人发愁，有的像人欢笑，有的像虫吃树叶，有的像刀枪出鞘，还有的则像水火、云雾、日月……每一种好看的字都富有生命的神态，每个书法家的字也都有自己的特点和长处。我这次看的那块碑文书法，就是一位大书法家写的，所以才去反复学习，以求成为自己的本事，这不下功夫不行啊。"

文姬听了父亲的话，懂得了写字所蕴涵的道理和弹琴是相通的，都需要用心去学才能获得真本事。后来她也爱上了书法，并且还成了书法家。

■ 文苑拾萃

述行赋

（东汉）蔡邕

延熹二年秋，霖雨逾月。是时梁翼新诛，而徐璜、左悺等五侯擅贵于其处。又起显阳苑于城西，人徒冻饿，不得其命者甚众。白马令李云以直言死，鸿胪陈君以救云抵罪。璜以余能鼓琴，白朝廷，敕陈留太守发遣余。到偃师，病比前，得归。心愤此事，遂托所过，述而成赋。

余有行于京洛兮，遘淫雨之经时。塗邅其寒连兮，潦汙滞而为灾。乘马踟而不进兮，心郁悒而愤思。聊弘虑以存古兮，宣幽情而属词。

夕宿余于大梁兮，诮无忌之称神。哀晋鄙之无辜兮，忿朱亥之篡军。历中牟之旧城兮，憎佛肸之不臣。问宁越之裔胄兮，藐髣髴而无闻。

经圃田而瞰北境兮，悟卫康之封疆。迄管邑而增感叹兮，愠叔氏之启商。过汉祖之所隘兮，吊纪信于荥阳。

降虎牢之曲阴兮，路丘墟以盘萦。勤诸侯之远戍兮，侈申子之美城。稔涛塗之愎恶兮，陷夫人以大名。登长坂以凌高兮，陟葱山之荒陉；建抚体以立洪高兮，经万世而不倾。回岾峻以降阻兮，小阜寥其异形。冈岑纤以连属兮，豀谷夐其杳冥。迫嵯峨以乖邪兮，廓严壑以峥嵘。攒械朴而杂榛楛兮，被浣濯而罗生。步疊荄与台菌兮，缘层崖而结茎。行游目以南望兮，览太室之威灵。顾大河于北垠兮，瞰洛汭之始并。追刘定之攸仪兮，美伯禹之所营。悼太康之失位兮，愍五子之歌声。

寻修轨以增举兮，邈悠悠之未央。山风汩以飙涌兮，气憀慄而厉凉。云郁术而四塞兮，雨漾漾而渐唐。仆夫疲而瘁兮，我马旭隤以玄黄。格莽丘而税驾兮，阴曀曀而不阳。

哀衰周之多故兮，眺濒隈而增感。忿子带之淫逆兮，唁襄王于坛坎。悲宠嬖之为梗兮，心恻怆而怀惨。

乘舫州而湍流兮，浮清波以横厉。想宓妃之灵光兮，神幽隐以潜翳。实熊耳之泉液兮，总伊瀍与涧瀍。通渠源于京城兮，引职贡乎荒裔。操吴榜其万艘兮，充王府而纳最。济西溪而容与兮，息鸶都而后逝。愍简公之失师兮，疾子朝之为害。

玄云黯以凝结兮，集零雨之溱溱。路阻败而无轨兮，涂淠溺而难遵。率陵阿以登降兮，赴偃师而释勤。壮田横之奉首兮，义二士之侠坟。淹留以候霁兮，感忧心之殷殷。并日夜而遥思兮，宵不寐以极晨。候风云之体势兮，天牢湍而无文。弥信宿而后阕兮，思逶迤以东运。见阳光之显显兮，怀少弭而有欣。

命仆夫其就驾兮，吾将往乎京邑。皇家赫而天居兮，万方徂而星集。贵宠煽以弥炽兮，金守利而不戢。前车覆而未远兮，后乘驱而竞及。穷变巧于台榭兮，民露处而寝洼。消嘉穀于禽兽兮，下糠秕而无粒。弘宽裕于便辟兮，纠忠谏其骏急。怀伊吕而黜逐兮，道无因而获人。唐虞渺其既远兮，常俗生于积习。周道鞠为茂草兮，哀正路之日踠。

观风化之得失兮，犹纷挐其多远。无亮采以匡世兮，亦何为乎此畿？甘衡门以宁神兮，咏都人而思归。爰结踬而迴轨兮，复邦族以自绥。

乱曰：跋涉遐路，艰以阻兮。终其永怀，窘阴雨兮。历观群都，寻前绪兮。考之旧闻，厥事举兮。登高斯赋，义有取兮。则善戒恶，岂云苟兮？翩翩独征，无俦与兮。言旋言复，我心胥兮。

王羲之以鹅为师

王羲之（303—361），字逸少，号澹斋。原籍琅邪临沂（今属山东），后迁居山阴（今浙江绍兴）。王羲之是中国东晋书法家，有"书圣"之称。他为南迁琅邪王氏士族贵胄，后官拜右军将军，人称王右军。王羲之师承卫夫人、钟繇。著有《兰亭集序》。

王羲之非常喜欢鹅，简直喜欢得入迷。他特地在屋前挖了一个水池，养了好几只大白鹅。又写了"鹅池"两个大字，刻在一块石碑上，把碑竖在水池中间。他每天都要到池边观赏大白鹅，看鹅伸长脖子向前游动，红掌划绿水的优美姿态。

有一次，王羲之出门去拜访一个朋友，路过一条小河，看见几只鹅正在清澈的河水里游来游去。他非常高兴，看得都不愿离开了。

鹅渐渐游远了，他也跟着鹅沿着河向前走。不一会儿，来到了一座寺院前，他看见这几只鹅进入寺院里，就去敲门。院门开了，走出一个道人。道人认出他就是大书法家王羲之，马上把他让进了屋里，和他闲谈起来。

道人说："是什么风把您给吹来了？"

王羲之回答说："是您的几只鹅把我'引'来的。您的鹅太可爱了，能卖给我吗？"

道人说："哪能要您的钱呢？如果您喜欢鹅，我全都送给您。不过，有件事要请您帮忙，您能不能替我抄一篇《道德经》？"

王羲之满口答应，马上提笔抄写起来。写完以后，王羲之谢过道人，就赶着几只鹅，动身到朋友家去了。

走到半道上，正好碰上那位朋友。朋友看见他赶着几只鹅，边走边比比划划，就奇怪地问他："你这是干什么？怎么像孩子一样赶着鹅到处跑？"

王羲之笑着回答说："我赶的这些鹅也是我的'老师'。你看，鹅的脖子是多么灵活，转动自如，伸屈有力而自然；体态又是多么优美呀！它教了我不少写字运笔的方法呢！"

■故事感悟

生活中处处有"师"，只看你如何去领悟，大自然中的万物生灵都可以用来学习。王羲之从鹅的身上找到了学习运笔的方法，让自己成了一代书圣。

■史海撷英

题扇桥

在一个夏日的傍晚，王羲之走出家门，信步来到一座古老的石桥上。这时，太阳已经快落山了，不少赶集的人都开始收拾东西准备回家。王羲之站在桥上，欣赏了一会儿夕阳以后，就走下桥去。正巧，有一位拄着拐杖提着篮子的老太太，一瘸一拐地迎面走来，嘴里还不停地叫喊："卖扇子喽！卖扇子喽！"

王羲之看见老太太可怜的样子，就迎上去，问道："老太太，天色这么晚了，您的腿又不方便，怎么还不回家去呢？"

老人抬头看了王羲之一眼，叹了一口气，说："相公，如今世道艰难哪！我们做小本生意的也倒霉，扇子没人买，一家老小没吃的……相公，您买把扇子吧！"

王羲之听了老太太的诉说，很同情她，就对她说："老人家，您别急，我替您想个办法，准让您的扇子一下子就卖完了。"说完，王羲之到附近人家借来了砚和笔，然后提笔在扇子上写起来。不一会儿，所有扇子上都题了字。

老太太起初有些惊疑，担心扇子弄脏更没人买了。王羲之看到老人怀疑的表情，就笑着对她说："老太太，您放心吧，只要您说一声这扇子上的字是王右军（王羲之的另一个名字）写的，就会有人买的。"说完，王羲之地走了。

老太太拿着扇子来到集市，遇人就喊："谁买扇子，上面有王右军的题字！"

果然，立刻就有好多人围了过来。人们仔细欣赏扇子上的题字，个个称赞扇子上的字写得好，都愿意出高价购买。没多长时间，一篮扇子立刻被抢购一空。老太太拿着钱，高高兴兴地回家去了，以后逢人便夸姓王的相公是个大好人，这件事也很快就在城里传开了。后来，人们就把王羲之题字的那座石桥称为"题扇桥"。

□ 文苑拾萃

《黄庭经》

《黄庭经》引，王羲之书，小楷，一百行。原本为黄素绢本，在宋代曾摹刻上石，有拓本流传。此帖其法极严，其气亦逸，有秀美开朗之意态。关于《黄庭经》，还有一段传说：山阴有一道士，欲得王羲之书法，因知其爱鹅成癖，所以特地准备了一笼又肥又大的白鹅，作为写经的报酬。王羲之见鹅，欣然为道士写了半天的经文，高兴地"笼鹅而归"。原文载于南朝《论书表》，文中叙说王羲之所书为《道》《德》之经，后因传之再三，就变成了《黄庭经》。因此，又俗称《换鹅帖》，无款，末署"永和十二年（356年）五月"，现在流传的只是后世的摹刻本了。

陆爽终生与书为伴

　　陆爽（539—591），字开明。魏郡临漳人。9岁时就能日诵千余言，尚书仆射杨遵彦看见他觉得讶异，说"陆氏代有人焉"。北齐清河王高岳召为主簿，入隋时为太子洗马。由于陆爽之前曾建议以《春秋》之义为皇太子诸子命名，隋文帝对此感到愤恨，下令"其身虽故，子孙并宜屏黜，终身不齿"。

　　陆爽是隋朝著名的学者，隋建国初期做过太子洗马。他敏而好学，博览群书。

　　陆爽喜欢用背诵的方式读书，他认为只有这样才能掌握它的意义，并提高记忆力。9岁时，就能背诵2000多字的文章。17岁做了主簿，经常看书。在他眼里，书是世上最珍贵的东西，因为它是人类精神文明的财富，非常难求，所以他立志终身以书为师。

　　北周灭北齐后，周武帝听说他满腹经纶，就征他进京做官。他和当时一起应征的阳之、袁叔德等十多名学者同往。他们带着家眷、行李，每个人身后都是好几辆车，但陆爽既没带家眷，也没带大小包裹，车上装的都是书，约有几千卷，这在当时非常罕见。他说："什么都可以不要，但不能没有书啊！"

到了京城，周武帝听到这件事，十分感动，钦佩他的人品和治学精神，并以大礼接待他。

陆爽终生以书为伴，好学不倦，学识也越来越丰富，终于成为著名的学者。

□故事感悟

以书为师，陆爽一生都没有改变，不断充实自己的学识，最终成为一代学者。他对书似乎有点"痴"的味道，但也只有对一种事物痴迷，才能达到专的境界。

□史海撷英

洗　马

洗马就是太子洗马。这个职位最早出现在汉朝，胡三省为《资治通鉴》作注解时说：太子洗马是自汉朝开始有的。据《汉书·百官公卿表》记载，太子太傅、太子少傅的属官有"洗马"，张晏说"洗马"定员有16人，品秩与谒者相同。

《后汉书·舆服志》记载道："谒者，古代又叫作洗马。"汉安帝时，尚书陈忠曾说："太子洗马职位与谒者相同，所以一样戴高山冠。"

《晋书·职官志》中说，东宫中有8名洗马，职务相当于谒者的秘书，掌管图书和典籍，主持讲论的有关事项，是出行的前驱，引导仪仗。南朝宋沿袭了这个制度。南朝齐只设一名洗马。南朝梁、南朝陈又恢复为8人。北齐两名典经坊洗马。自曹魏开始，官职列为九品，太子洗马属于第七品。南朝陈时提升了一品。北魏、北齐时再升一品，成为五品。

　　唐代设置司经局洗马两名，掌管典籍和上呈东宫的图册，是出行时的侍从。辽代的南面官中有司经局洗马，金有正副司经，掌管典籍、文具事务。元代没有司经局洗马的设置，但根据《元史》记载，元成宗大德十一年曾设置官师府，有洗马职位。

　　明朝洪武初年，詹事院已经有了洗马。洪武十五年，洗马被定为司经局属官。洪武二十五年，定司经局洗马为从五品。掌管经史子集、制典、图书刊辑之事，管理上呈东宫的图册。清承明制，也设有这个品级的职位。顺治九年，设置了由汉人担任的这个职位。康熙十四年，这个职位改成满、汉各一人。

欧阳询观碑记字

欧阳询（约557—641），字信本。祖籍潭州临湘（今湖南长沙）。唐代书法家，楷书四大家（欧阳询、颜真卿、柳公权、赵孟頫）之一。隋时官太常博士，唐时封为太子率更令，也称"欧阳率更"。与同代另三位（虞世南、褚遂良、薛稷）并称"初唐四大家"。后人以其书于平正中见险绝，最便初学，号为"欧体"。

唐朝初年，有一位书法家叫欧阳询。他写的字自成一体，人们称之为"欧体"。

有一次，欧阳询和他的儿子欧阳通一起去拜访一个朋友，路过一座古墓。墓前竖着一块很大的石碑，石碑上的字迹刚劲有力，欧阳询立刻下马仔细观看。原来这碑文是晋代大书法家索靖写的。欧阳询一边念着碑文，一边还在手心上比比划划，学着这种字的写法，过了好久才恋恋不舍地离去。

刚走不远，欧阳询突然对儿子说："孩子，你先去吧，我还要回去看看碑文。因为有好几个字的写法我又忘了。"

欧阳通说："要不，我替您去一趟，把那几个字描下来，给您带回去，行吗？"

欧阳询认真地说："不行啊！我的脾气你是知道的，不把这几个字记牢，我是连饭都吃不下的。你代替不了我。你去描字，只能描出字的形体，而描不出字的神态。"

说完，欧阳询匆匆转身回去了。他站在碑前，看了又看，学了又学。站累了，就坐下来，继续学着。到了晚上，他干脆就在这附近找了个地方住下，一连住了三天，直到把字学好才回家。

■ 故事感悟

已经身为书法家的欧阳询下马观碑，为学会几个字的神态，参悟了三天，可见他对于书法的追求达到了很高的境界。他的这种学习态度实在值得钦佩。

■ 史海撷英

欧阳询无畏皇后

欧阳询因为长相难看，和长孙无忌的关系很不好。

有一次，唐太宗宴请近臣，让他们相互取笑作弄，于是长孙无忌便拿欧阳询开玩笑道："耸膊成山字，埋肩不出头。谁家麟阁上，画此一猕猴。"

欧阳询也反唇相讥："缩头连背暖，俇裆畏肚寒。只由心溷溷，所以面团团。"

太宗听了不禁替他担心，道："欧阳询这样说，难道不怕被皇后听到吗？"

因为长孙无忌就是长孙皇后的亲哥哥，要是长孙无忌把这事告知妹妹的话，会有什么后果很难说。但欧阳询依然一脸坦然，无所畏惧。

褚遂良辨识《兰亭序》

　　褚遂良（596—659），字登善，封河南郡公，故又世称褚河南。唐朝政治家、书法家。钱塘（今浙江杭州）人，一说明翟（今河南禹州）人。褚遂良博学多才，精通文史，后在唐朝任谏议大夫、中书令等职。贞观二十三年（649年），他与长孙无忌同受太宗遗诏辅政。唐高宗欲立武则天为皇后，褚遂良与长孙无忌坚决反对。武后即位后，遭贬潭州（长沙）都督，转桂州（桂林）都督，再贬爱州（今越南北境清化）刺史。显庆三年（658年），卒于任所。

　　唐朝书法家褚遂良出生在杭州，他特别擅长写楷书和隶书。

　　为了学好王羲之的《兰亭序》帖的字体和笔意，褚遂良曾下过很大的苦功，费尽心血去揣摩他的用笔特点和每个字的神态。

　　褚遂良在朝廷做官时，唐太宗也十分喜欢王羲之的书法，曾下令到全国各地去搜集王羲之的字帖和真迹，很快就收集了3200多幅，就是不知道哪些是真的，哪些是假的。于是，他把褚遂良找来，想考考他。唐太宗叫人把著名书法家虞世南生前临摹的《兰亭序》字帖拿来，然后对褚遂良说："今天召你是有一事相求，请你看看这幅王羲之的《兰亭序》字帖是真还是假？听说你对王羲之的字体很有研究，就帮我辨认一下吧！"说完，将字贴传下去交给褚遂良看。

褚遂良接过字帖，先看了看纸的质地和色彩，然后再看字的笔画形态，最后他说："奏陛下，这件《兰亭序》我看是临摹的，不是王羲之的真迹。"

唐太宗暗惊，问："你有什么根据呢？"

"首先，它用的纸非晋朝时候的纸，为本朝所造；其次，王羲之的字体妍美流畅，笔势雄健变化多端，有'飞龙走蛇'之态，而这件作品正好缺少这点，而且前后墨色也不一致，前浓后淡，可见不是一气呵成。所以，我肯定这不是王羲之的真迹。"

听了褚遂良的解释，唐太宗高兴极了。从此，他就经常让褚遂良来辨认王羲之的书法，还要他和自己一起探讨书法艺术。

□故事感悟

三百六十行，行行出状元。褚遂良虽然也是一位书法家，但由于喜欢揣摩王羲之用笔的特点和字的神韵，从而可以很准确地判断出一幅字画的真假，正所谓细微之处见真知。粗略的东西可能每个人都会，但细微之处却不是每个人都能注意到的，更不用说掌握了。

□史海撷英

黄门侍郎

贞观十二年（638年），被唐太宗李世民当师长一样尊敬的大书法家虞世南去世了，这使太宗十分伤心。他叹息道："虞世南死，无与论书者！"这时，魏征便向他推荐了褚遂良，太宗立即将这个人任命为"侍书"。

李世民当上皇帝后，曾竭尽全力地搜集王羲之的书法，天下人都抢着献上去以领取奖赏。只是该怎样鉴别真伪？由于褚遂良对王羲之的书法无比熟悉，可以丝毫不差地鉴别出王羲之的真迹，因此无人再敢将赝品送来邀功。褚遂良的这一举动得到了太宗的极大欢心和信任，遂将他提升为谏议大夫，兼知起居事。每当太宗有大事，几乎都要向褚遂良咨询。而褚遂良也颇有政治远见，常能提出一些非常有价值的建议。

　　唐太宗曾想亲自去征讨辽东，被褚遂良所反对，但太宗态度很强硬，让褚遂良感到恐惧，就没有再坚持，只好跟着唐太宗去远征。然而，后来事态的发展，却证实了褚遂良的话是对的。

　　贞观十八年（644年），褚遂良身为黄门侍郎，开始参与朝政。被太宗派往全国各地巡察四方，可以直接黜陟官吏。恰在此时，他的父亲褚亮去世了，他不得不暂时辞去黄门侍郎的职务。贞观二十二年（648年），太宗的得力助手马周死了，褚遂良又被起用为原职。这年阴历九月，褚遂良被提升为中书令，接替了马周的位置，像魏征、刘洎、岑文本、马周、长孙无忌一样，成了唐朝政坛上举足轻重的大臣。

贾岛吟诗路逢韩愈

> 贾岛（779—843），字浪仙（亦作阆仙）。河北道幽州范阳（今河北涿州）人，中国唐朝诗人。贾岛早年出家为僧，号无本，自号"碣石山人"。据说在洛阳的时候，因当时有命令禁止和尚午后外出，贾岛作诗发牢骚，被韩愈发现其才华。后受教于韩愈，并还俗参加科举，但累举不中第。唐文宗时被排挤，贬为长江主簿。唐武宗会昌年初，由普州司仓参军改任司户，未任病逝。

一天，在唐朝都城长安的一条大街上，一队官员的车骑正在快速行进着，路上行人都赶紧避让。然而，却有一个骑着毛驴的书生，口中念念有词，手上比比划划地向车队闯去。

"站住！真是大胆，快站住！"

官吏们大声喊着，但这位书生仍然一副若无其事的样子，自言自语比划着手。

"你给我下来！"一名衙役伸手将书生从毛驴背上拉了下来，将他押到了那位官员的面前说："大人，这小子不但不回避，还闯进车队中来了。"

官员厉声问道："你这人呆头呆脑的，怎么不让路？"

直到此时，书生才如梦方醒，知道自己闯了大祸，连忙上前回答："大人，我只顾作诗，冒犯了您，在下该死。"

说着，他连连向官员谢罪。路上的行人远远地看着，认为官员一定会惩罚这书生的。

不料官员转怒为喜，笑了笑对书生说："果真如此？那快把你作的诗念给我听听！"

"大人，我的诗是：闲居少邻并，草径入荒园。鸟宿池边树，僧敲月下门。"

"好诗，好诗啊！"官人赞叹不已。

"只是……"书生接着说，"'僧敲月下门'这句，不知道该用'推'字好，还是用'敲'字好，正琢磨不定啊。"

官人听罢，沉思了一下，说："我看还是'敲'字好……"

说着说着，官员就和书生并驾齐驱了，一起讨论起诗道来。之后，他们还成了非常好的朋友。

这个官员就是大文学家韩愈，书生就是贾岛。

贾岛生长在一个贫苦农民家中，十几岁的时候，他被迫到庙里当了和尚，以求填饱肚子。但是，他从小爱好学习，无论生活多么艰辛，都利用一切机会发奋读书。

到18岁时，贾岛就拥有了不凡的才学，不仅读完了六经和诸子百家等著作，还能写出让人称美的五言诗！

贾岛作起诗来可谓呕心沥血，无论什么场合，都苦吟不辍，常常是如醉如痴。

一年秋天，贾岛浴着落日的余辉，迎着瑟瑟的秋风，骑着毛驴，在街上边走边看，满目秋色令他诗兴大发，随口吟出一句："落叶满长安。"

对句有了，出句是什么呢？他苦思冥想，不得佳句。

忽然，他脑子里灵光一闪，又一句脱口而出："西风吹渭水。"

"妙！妙！"贾岛感到非常满意，情不自禁地在毛驴背上手舞足蹈起来。

哪料，毛驴猛然向前一冲，骑在背上的贾岛毫无防备，一下被摔了下去，顿时头破血流。路人都当他是个疯子。

确实，贾岛就是这样一位"苦吟诗人"。据说，他在作了那句"独行潭底影，数息树边身"诗三年后，还为此作了一首诗："二句三年得，一吟泪双流。"

正由于贾岛勤奋无比，对于诗词的考究达到了极高的境界，因此他成了中唐时期著名的大诗人。

■故事感悟

"二句三年得，一吟双泪流"，仅仅为了两句话，贾岛就付出了将近三年的时间。这也说明了他对知识、对诗词的探究态度刻苦，为我们作出了表率。

■史海撷英

贾岛墓

贾岛墓位于四川省安岳县县城南郊的安泉山，长12米，宽和高各3米，周围砌了石墙。墓前有清建瘦诗亭，内陈历代文人吊唁贾岛的石刻诗文。

唐开成五年（840年），贾岛61岁时迁到普州，即今天的四川安岳县，任司仓参军。到任后，他曾组织讲学，工作之余常常去南楼读书作诗。贾岛写有《夏夜登南楼》诗："水岸寒楼带月跻，夏林初见岳阳溪。一点新萤报秋信，不知何处是菩提。"其他还有《寄武功姚主簿》《送裴校书》《送僧》《原上草》《咏怀》等诗篇，都是贾岛在这个地方写的。

唐会昌三年（843年），朝廷升贾岛为普州司户参军，他未受命却身先士卒，享年64岁，遗体安葬在安岳县城南安泉山麓。他的朋友苏绛为他写了"贾司户墓志铭"，详细记述了贾岛生平、死、葬日期和地点等。

清朝乾隆时期（1736—1796年），安岳县令徐观海（浙江钱塘人）在墓前建造了"瘦诗亭"。后来的县令斐显忠对其进行了修建，且立了牌坊，至今仍在。

■文苑拾萃

戏赠友人

（唐）贾岛

一日不作诗，心源如废井。
笔砚为辘轳，吟咏作縻绠。
朝来重汲引，依旧得清冷。
书赠同怀人，词中多苦辛。

黄庭坚观船工想草书

黄庭坚（1045—1105），字鲁直，号山谷道人，晚号涪翁。洪州
分宁（今江西九江修水县）人。北宋知名诗人，乃江西诗派祖师。
黄庭坚的书法亦能树格，为宋四大家之一。

宋朝时期，有个叫黄庭坚的诗人和书法家，又被称为山谷
道人。

黄庭坚是个虚心好学之人，他不但向颜真卿、怀素等知名大书法家
学习，还特别注意观察日常生活中的各种现象，向劳动者学习。

一天，黄庭坚到朋友家去玩，路过一条大河边，滔滔的河水挡住了
去路。正在犯愁的时候，看见远处驶来一条船，他高兴万分，立即向船
工招呼，等船靠岸，他就跳了上去。

船开了，黄庭坚看着船工们划桨的动作出神。那桨在水中拨水的姿
态是多么有节奏、自然和生动啊！他目不转睛地看着，仿佛船工们摆弄
的不是木桨，而是一支笔，滔滔的河水就是一张大纸，船工们正在不停
地划动中写出了无数优美的草字。他想，要是自己也能写出这样优美的
字多好啊！

不知不觉船已靠岸，但黄庭坚仍沉浸在遐想中。船工高声喊道："相公，到岸了，请您快上岸吧！"

黄庭坚这才醒悟过来，连忙道歉致谢："对不起，我想写字想得着迷了，误了你们的开船时间。"然后付了船钱，继续赶路。一路上，他还在思考怎样才能像船工划桨那样写出优美的草书来。

■故事感悟

黄庭坚为船工划桨姿态而入神，犹如在江水中书写优美的草字而被吸引。一个书法家只有遇事学会揣摩，甚至达到痴迷的境界，才能真正学会学透，真真正正地领悟其中的精髓。

■史海撷英

黄庭坚亲涤溺器

黄庭坚是个十分孝顺的人，即使身份显贵，也不忘为母尽孝道，亲自替她洗涤溺器，从不怠慢。

对此，有诗这样赞叹道：贵显闻天下，平生孝事亲。亲自涤溺器，不用婢妾人。

二十四孝里有个家喻户晓的"涤亲溺器"的故事，讲的就是他。他自小侍奉父母可谓无微不至。他的母亲爱干净，受不了马桶的异味，所以他从小就每天亲自为母亲倾倒和清洗马桶，几十年如一日，无论读书时还是为官时都不曾间断。尽管家里仆从很多，本可不必自己动手，但他还是认为孝敬父母是为人子女自己该做的事，不可委以他人，这跟当不当官无关。

当母亲病危时，他更是衣不解带，日夜侍奉在母亲病床前，亲自尝试汤药，无一刻不尽孝道。因而史书上记载，苏东坡赞叹他"瑰伟之问，妙绝当世；孝友之行，追配古人"。意思是说，他的文章瑰伟、气韵超然，无人能及；而他孝敬父母、友爱兄弟的情操，更是可以和古人媲美。

□文苑拾萃

登快阁

（宋）黄庭坚

痴儿了却公家事，快阁东西倚晚晴。
落木千山天远大，澄江一道月分明。
朱弦已为佳人绝，青眼聊因美酒横。
万里归船弄长笛，此心吾与白鸥盟。

萧显 "天下第一关"

萧显（1431—1506），字文明，号履庵，更号海钓。北直隶山海卫（今秦皇岛市山海关区）人。成化（1465—1487年）年间进士，终福建按察司佥事。萧显为诗清简，书尤沉着顿挫，自成一家。萧显与张南安同时以狂草著称，卷轴遍天下，传至外国。

万里长城东头，有一座名叫"山海关"的城楼。城楼上有一块匾，上面写着"天下第一关"几个特别大的字，这是明朝的进士萧显写的。关于萧显写这块匾，还有一个流传很广的故事。

据说，萧显虽然写字有点儿名气，可他从来没写过这么大的字。为了写好这块匾，他每天很早就起床练功。他还专门准备了一支又粗又大的毛笔，在院中间的一块大青石板上练字，一写就是几个钟头，一直练到手腕酸疼为止，就这样整整练了三个月。

在写匾的那一天，天刚亮，就有许多人从几十里地以外赶来看，里三层外三层，把城楼围得水泄不通。太阳出来的时候，萧显在地方官的陪同下，来到城楼上。按照他的吩咐，人们点着了一炉香，萧显坐在椅子上闭目养神。过了好一会儿，他睁开眼睛，开始拿笔写起来。当他挥笔写到"天下第一关"的"关"字门框（"关"字繁体为"關"），要写最后一钩的时候，手腕的力量支持不住了。眼看就要写坏，他急中生智，忙用右脚灵巧地将笔往上踢，助了"一脚之力"，才把匾写完。

还有一个关于萧显写匾的传说，是讲那一天匾挂起来以后，人们发现"下"字少了那个"点"，都议论开了。萧显不慌不忙，从附近的茶馆里借来一块抹布，放到墨汁里。然后，他把蘸满墨汁的抹布用力向匾上扔去。抹布不偏不倚，正好落在空缺的"点"的位置上，人们顿时欢呼起来。

这个故事虽然离奇，但是流传不绝，说明人们对"天下第一关"这几个大字的喜爱。

■ 故事感悟

萧显虽然很有名气，但没写过大字，自然感觉吃力。为了写好匾，他每天使用粗大的毛笔练习，足足练了三个月。可见，不管怎样的一个大家，对于自己没有把握的事都要刻苦努力，让自己心里有底，而不打没把握之仗。

■ 史海撷英

天下第一关

天下第一关包括山海关城、东罗城和"天下第一关"城楼、靖边楼、牧营楼、临闾楼等。山海关是一座文化古城，明代城墙建筑尚完好保存，主要的街道和小巷基本保留原样，特别是保存了大量的四合院民居，使得这座古城更显得古朴典雅。最为古城增色的要数关城东门，天下第一关城楼，耸立在长城之上，气势雄伟。

登上城楼二楼，可俯瞰山海关全貌和关外原野。北望，遥见角山长城巍然绵延；南边大海也若隐若现。天下第一关城楼南北，还有靖边楼、牧营楼和临闾楼等建筑。

山海关呈方形的平面，周长约4000米，城墙高14米，厚7米。东墙的南北两侧与长城相连，墙上有奎光阁、牧营楼、威远堂、临闾楼等建筑。东、南、北三面墙外挖掘了护城河并架设吊桥。护城河深8米、宽17米，城中心还筑有钟鼓楼。

山海关四周都有城门，东、西、南、北依次称为"镇东门""迎恩门""望洋门"和"威远门"。四门之上原来都建有高大的城楼，但现在仅有镇东门城楼保留下来。东门面向关外，最为重要，从外到内设有四道防护——卫城、罗城、瓮城和城门。

城门用巨大的砖砌成拱门，位于长方形城台的中部。城台高12米，上面的城楼高13米、宽20米，进深11米，为砖木结构的二层楼重檐歇山顶建筑。

城楼上层西侧有门，其他三面有68个箭窗，用窗板掩盖着。东面屋檐下还挂着一块巨大匾额，书有"天下第一关"五个大字，每个字都高达1.6米，为明代进士萧显手迹，苍劲雄浑，是山海关的象征。

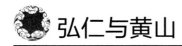

弘仁与黄山

弘仁（1610—1663），明末秀才，自小就喜欢文学、绘画，一生从不间断。明亡后，他有志抗清，离歙赴闽，入武夷山为僧，师从古航禅师。云游各地后回歙县，住西郊太平兴国寺和五明寺，经常往来于黄山、白岳之间。弘仁是"新安画派"的奠基人，他和查士标、孙逸、汪立瑞等四人被称为清初"新安四大家"，也称"海阳四大家"。

明末清初，很多画家都去过黄山游览。那里的云海、奇石、雄峰、烟雨，给了他们无限的启示和灵感。这些画家刻苦钻研，形成了颇有影响的"黄山画派"。弘仁就是这个画派中的一位著名代表人物。

弘仁的成功既得益于老师倪瓒的精心教诲和启迪，也与自己的刻苦勤奋分不开，当然，更与黄山这个"第二位老师"给他的灵感直接相关。

弘仁自小酷爱书画，几乎天天都要看书作画。对他影响最大的老师是大画家倪瓒。弘仁非常敬重他，藏了他很多画，还写了关于他的诗。其中一首这样写道：

疏树寒山淡远姿，明知自不合时宜。

迁翁笔墨予家宝，岁岁焚香供作师。

弘仁之所以如此敬重倪瓒老师，是因为这个老师在身世遭遇上和自己很相似。倪瓒50岁时散尽家财，遁迹太湖境内，着意丹青，终为妙手。弘仁少时做和尚，云游四海。他想：我应该像老师一样刻苦学画，不然就辜负了大好时光和平生志愿了。

弘仁在学习老师画法时，并不停留在临摹上，而是取其精华，紧密结合自然现象进行创作。他把山当作老师，把水当作同伴，长期居住在黄山，遍览了三十六峰。长期实践的结果让他深刻地意识到，黄山就是他的第二任老师。

弘仁有首诗写的就是与黄山日夜相守的情景：

坐破苔衣第几重，梦中三十六芙蓉。

倾来墨沈堪持赠，恍惚难名是某峰。

积极的实地观察是弘仁成功的要诀，也是所有画家成功的必由之路。经过多年的苦心钻研和练习，他的技艺达到了炉火纯青的境界，在画界独成一家。他的画作《黄山真景册》50幅，堪称稀世珍品。其中有老人峰、一线天、藏云洞、龙翻石、飞来峰、莲花庵……一幅幅黄山奇景妙趣横生。

■故事感悟

实践出真知。弘仁勤于实地考察，不断地苦心钻研和练习，才使得自己画画的技法达到了纯熟的、独树一帜的境界。

弘仁的绘画风格

早年时的弘仁师从孙无修,中年则拜萧云为师,从宋元各家入手。后来又师法"元代四家",特别崇尚倪瓒的画法,现在所能看到的作品《清溪雨霁》《秋林图》《古槎短荻图》等,其取景之法都有倪瓒的影子。在题画诗里,他也充分表达了自己对倪瓒的崇拜,"迂翁笔墨予家宝,岁岁焚香供作师"。弘仁在构图上洗练简逸,笔墨苍劲整洁,善用折带皴和干笔渴墨。

由于弘仁善于从黄山、武夷诸名山胜景中汲取营养,看重师法自然,所以,其作品格调又与倪瓒有所区别,较少荒凉寂寥之境,而多清新之意,可谓别开生面。弘仁真实地表现出山川的娇美新奇之态,所画的黄山各景都没有拘泥于倪瓒的手法,而是深得写生传神的妙处,具有浓厚的生活气息。例如故宫博物院收藏的《西岩松雪图轴》,笔法尖峭简洁,意境伟峻秀逸,彰显了他的自然风貌。

弘仁以画黄山成名,与石涛、梅清一起成为"黄山画派"的代表人物。查士标在题弘仁山水画时说:"渐公画入武夷而一变,归黄山而一奇。"而石涛则言:"公游黄山最久,故得黄山之真性情也,即一木一石,皆黄山本色。"

弘仁的山水画,无论是册页小作,还是大幅巨制,或实地写生,或构思取意,都有黄山给予他源源不断的灵感,挺拔雄奇配以危岩怪石都源自黄山的启发。

弘仁曾自称"梅花古衲",并希望友人在他死后的墓旁多种梅树。他的松梅代表作是《松梅图》卷和《墨梅图》轴。于松,落墨凝重,气势磅礴;

于梅，铁干遒枝，暗香浮动。松与梅傲霜斗雪、独立不倚的精神正是弘仁人格的自我写照。

弘仁性格沉静坚韧，在民族危难之时曾挺身而出。明亡后，他遁迹于名山，寄情于诗画，以眷怀故国，这在很多题画唱和诗中都可以看出来。

第三篇

勇于探索求真知

竹片算出圆周率

祖冲之（429—500），字文远。刘宋时代数学家、天文学家。祖籍范阳郡道县（今河北涞水县）。为避战乱，祖冲之的祖父祖昌由河北迁至江南。祖昌曾任刘宋的"大匠卿"，掌管土木工程；祖冲之的父亲也在朝中做官。祖冲之从小接受家传的科学知识，青年时进入华林学省，从事学术活动。祖冲之的一生先后任过南徐州（今镇江市）从事史、公府参军、娄县（今昆山市东北）令、谒者仆射、长水校尉等官职。其主要贡献在数学、天文历法和机械三方面。

在1500多年前的一个晚上，离建康不远的一个小乡村里，有群儿童正聚集在场地上仰着脑袋数天上的星星。

"这是牛郎。"

"那是织女。"

"快看，那边有七颗明亮的星，像只舀水的勺子，是北斗星。"

"在它旁边的那颗星，叫北极星。"

这群孩子中有个叫祖冲之的，后来成了著名的科学家。

祖冲之本来住在建康城里，这几天因为和父亲闹别扭，被祖父带到农村来了，和农村孩子们在一起，祖冲之感觉学到了不少东西。而且他还喜欢向别人请教，有股钻劲。数星星的时候，他忽然想起了一个问题："今天怎么没有月亮呢？"

　　"今天是哪一天？"有个孩子问他。

　　"六月二十二。"

　　"我爸说，十五日团圆，二十二半夜见半圆。"

　　祖冲之听着感觉很有趣。坐在回建康的马车上，他就问祖父："爷爷，为什么每月的十五月亮一定会圆呢？"

　　祖父摸摸小冲之的头笑着说："孩子，我搞的是建筑工程，不是很懂天文啊。但我们家有很多历法书，我可以找给你看看。"

　　从此，祖冲之对天文产生了浓厚的兴趣。每天除了读父亲规定的《论语》《孝经》外，就是用心钻研天文书。由于有些天文知识需要懂得数学，所以，他对数学的学习很用功。此外，他还搜集了大量关于天象的记录和文献。

　　有一次，祖冲之读东汉天文学家张衡的著作《灵宪》，感觉收获了很多，就对祖父说："我知道了，十五日傍晚，红日西沉，明月东升，日在西，月在东，太阳正好照在月亮上。我们从地上看到的月亮是有光的半面，因此是圆的……"

　　454年，祖冲之25岁，宋孝武帝听说他博学多才，就下诏令，请他到华林学省。虽然过上了舒适安逸的生活，但这并没有使祖冲之丢掉梦想。他觉得，虽然这里可以让他享受丰厚的物质生活，但却是精神生活的牢狱。因此，他决心走自己选择的路，继续进行天文和数学的研究。

　　每天晚上，祖冲之都坚持观测天象：上半夜测出月亮在星星之间的位置，午夜后测出太阳在星星间的位置，并记录下来。日积月累，他终于把太阳和月亮在星空中运行的轨道摸清了。

祖冲之为天文事业做出了巨大的贡献，对圆周率的研究更是超越了古人，在数学史上闪耀着夺目的光辉。

很早的时候，祖冲之就发觉《周髀算经》中的圆周率存在问题，他读了很多书后，才知道这个问题被很多科学家研究过，但一直没得到根本解决。这时的祖冲之虽然快40岁了，却发誓一定要攻破这道难关。

当时的祖冲之在宫里当官，只有晚上才有空，因此，他每天都要演算到很晚才睡。刚开始的演算还比较顺利，但越往后就越繁杂。祖冲之并不懈怠，继续废寝忘食地计算着。也不知过了多久，外面的杏花开了，桃花谢了，当累累的果实挂满枝头的时候，祖冲之的计算才结出喜人的果实，他把圆周率惊人地精确到了小数点后7位数！

要知道，如此繁杂的运算过程，即使今天用纸笔和计数器来做，也绝不是件轻松的事，而祖冲之却只是用一根一根地搬动小竹片进行演算。不难想象，这需要他付出多大的心血啊！也正是这样，他才取得了那么伟大的成就，成为古今中外最伟大的科学家之一。

■故事感悟

学习之前要知道自己在学什么，怎么样去学，只有明白了这些，才能真正明白学习的含义。祖冲之就是这样，当他认定做一件事情的时候，一定会把它做好，不管过程有多么艰难，都不会半途而废。

祖冲之与《大明历》

祖冲之所编制的《大明历》及为大明历所写的驳议，包含了他在天文历法方面的大量成就。

在祖冲之之前，人们使用的是天文学家何承天编制的《元嘉历》。祖冲之经过多年观测和推算，发现了其中的错误。因此，他着手编制新的历法，并于宋孝武帝大明六年（462年）年编制成了《大明历》。可惜，这部历法在他生前没有被采用，直到梁武帝天监九年（510年）才正式颁布施行。

《大明历》主要有以下几方面成就：

一、区分了回归年和恒星年，首次把岁差引进历法，测得岁差为45年11月差一度（今测约为70.7年差一度）。引入岁差是中国历法史上的重大进步。

二、定一个回归年为365.24281481天（现在测得的数字是365.24219878日）。一直到南宋宁宗庆元五年（1199年）杨忠辅制统天历之前，这个数据都是最精确的。

三、采用391年置144闰的新闰周，比以前采用的19年置7闰的闰周历法更为精密。

四、定交点月日数为27.21223天（现在测得的是27.21222天），交点月日数的精确把握使准确预报日月食成了可能。祖冲之曾用他的大明历推算了23年之中发生的4次月食时间，结果与实际完全吻合。

五、得出木星每84年超辰一次的结论，即定木星公转周期为11.858年（现在测得的是11.862年）。

六、给出了五星会合周期更精确的数据，其中水星和木星的回合周期也与现代数值非常接近。

七、提出了用圭表测量正午太阳影长以定冬至时刻的方法。

《大明历》

　　《大明历》是我国南北朝时期的数学家、天文学家祖冲之所创造的一部历法，也叫"甲子元历"。祖冲之首次在历法中引入"岁差"概念，使历法变得更加精确，是我国历法史上的第二次重大革新。

　　《大明历》于刘宋大明六年（462年）完成，当时祖冲之才33岁。

　　《大明历》规定一回归年是365.2428天，这是我国赵宋统天历（1199年）前最精确的数据。他在制历时先考虑了岁差，意思就是由于地球在运行过程中受到其他天体的吸引，致使地球自转轴方向发生缓慢而微小的变化，这就导致从地球上看去，这年冬至到下一年冬至时，太阳并没有回到原来的位置，而是年年后移，连带也引起了24节气位置的变化。为此，祖冲之确定了每45年11月差一度的结果，虽然这个"岁差值"不大精确，但引进这种概念来编制历法，却使历法有了更加科学的基础，使天文学中的"回归年"和"恒星年"两个概念得到了很好的区分。

靳辅治河重研究

靳辅（1633—1692），字紫垣。辽阳人。清康熙时治河名臣。顺治九年（1652年），靳辅由官学生考授国史编修。康熙十年（1671年），授安徽巡抚，加兵部尚书衔。著有《靳文襄公奏疏》《治河方略》。

清初几十年间，由于战乱的影响，黄河连年泛滥，河道敝坏至极，运河阻塞，漕粮不能按期运抵京师，河患已成为威胁清初政权巩固的一个严重问题。从顺治初年至康熙十五年（1676年），清廷曾五易河道总督，却不得其人，治河毫无成效。值此危难之际，靳辅作为第六任河道总督，接受了治河的艰巨任务。从此，清代治河史开始了新的篇章，而靳辅也成了清代第一位治河功臣。

靳辅很注意农田水利，曾"疏请行沟田法""涝则泄水，旱以灌田"，并针对黄河年久失修问题多次上疏，阐明自己的治河主张。康熙帝对靳辅的工作十分满意，"奖辅实心任事"。因此，当五易河督不得其人的情况下，康熙帝深知靳辅"可任大事，故排群议而用之"，于康熙十六年（1677年）三月，大胆提拔了他。

当时，人们对黄河水患大有谈虎变色之感，群臣对于河道总督之任，无不视之为畏途。靳辅受命治河，虽然心中也充满"忧惶悚惧之念"，但他十分感激康熙帝的"知遇"之恩，决心"不惮胼胝，不辞艰巨，不恤恩怨"，挺身而出，全力以赴地投身治河大业。

以往几任河督，治河之所以不见成效，很重要的一个原因就在于他们不能深入实际，往往高高在上，单凭下面的汇报及个人的愿望而制订方案，自然屡屡失败。而靳辅却与前几任不同，在整个治河过程中，他十余年如一日，不辞辛劳，事必躬亲，常年活动在治河第一线，掌握了大量的第一手资料，为其制订周密的治河方案和顺利完成大修计划奠定了坚实基础。

靳辅深知，治河必须先知河，"非历览而规度焉，则地势之高下，不可得而知，水势之来去，不可得而明，施工之次第，亦不可得而定也"。

靳辅对黄、淮水情和患情的透彻了解，主要是通过长期而艰苦的实地考察后获得的。康熙十六年四月初五，靳辅赶赴宿迁河工署所就任后，立即在助手陈潢的陪同下，遍历河干，广咨博询。他们常常沿河跋涉险阻，上下数百里，一一审度。有时为了获得一个数据，甚至要在狂风暴雨中驾一叶扁舟，到激流汹涌的波涛中测量水的深度。

他们每到一处，都十分注意和倾听来自各方面的意见。"毋论绅士兵民以及工匠夫役人等，凡有一言可取，一事可行者""莫不虚心采择，以期得当"。

由于通过实地考察，靳辅对整个黄、淮的水流规律、水患情形、致患原因、冲决要害以及整治的关键都了若指掌，因而才能站得高、看得远，提出正确的治河方案，制订出包括八项内容的周密的大修计划，并在其上疏中论之以理，持之有据，从而获得了康熙帝的支持和信任。

按照清初制度，凡军国大事，须召开议政王大臣会议集体讨论定夺，即所谓"廷议"。由于靳辅提出的大修计划事关重大，康熙帝便下令廷议。廷议的结果，以"目今需饷维殷"和用夫过多为由，请暂缓实行。然而，康熙帝被靳辅的治河计划所打动，决心大修，便谕令说："河道关系重大，应否缓修，并会议各本内事情，着总河靳辅再行确议具奏。"表现了对靳辅的充分信任。

靳辅为了使大修计划在下次"具奏"时能确保通过，再一次不避劳苦，对黄、淮、运各重要工地进行了周密的实地考察。他在复奏中说："臣反复筹维，再三勘阅，上历桃、宿、邳、睢、灵璧以至徐州，下而山（阳）、清、安东经云梯关各套港，以达海口。复阅洪泽湖一带，并高邮、宝应、江都、泰州以及安丰、何垛等各场，凡江南扬州以北，黄、运两河，并黄河之南北两岸，运河之东西二堤，臣莫不亲行遍历，详加体察。以臣目之所见，耳之所闻，合之舆情，参之往籍，有断断难以缓议者。"

由于靳辅深入实践，脚踏实地，终于用无以辩驳的证据和令人信服的道理征服了群臣，他的大修计划最终被廷议通过并付诸实施。

制订方案不易，付诸实施更难。治河是一项庞大的工程，靳辅既要同洪水拼搏，又要同积弊斗争，还要克服国家财力、人力、物力不足等等困难。他呕心沥血，事必躬亲，凡事都亲自过问，并亲临第一线，真正做到了"居中调度，反复查勘"，亲自指挥施工。即使有时身体不佳，"颜色憔悴"，也坚持在治河工地上。

最突出的是在修筑清水潭决口的会战中，靳辅竟"身宿工次，调度董率"。一个总理全国治河工程的公卿大臣，不是高高在上，而是如此遇事奋勉，勇于实践，亲自考察，亲临第一线指挥工作，确实是难能可贵的。

靳辅治河十余载，呕心沥血，不辞劳苦，先后疏通下流，大辟海口，开挑烂泥浅诸引河，整治高家堰、筑塞翟家坝及清水潭诸决口，修复运堤，移建南、北运口，创开皂河、中河，终于大见成效，"黄淮悉复其故，运道大通"。

靳辅治河成功，首先使河南、安徽、江苏数省百姓免遭水患之灾，使其生命财产得到了一定保障。同时，保证了漕运畅通，促进了南北经济、文化的交流，使运河两岸各城市商品经济日趋繁荣，为"康乾盛世"的出现打下了基础，在中国古代治河史上写下了极其光辉的一页。

康熙四十六年（1707年），康熙帝第六次南巡，视察河工，此时靳辅已去世15年。然而，康熙帝看到的、听到的则是"沿淮一路军民感颂靳辅治绩者，众口如一，久而不衰"。靳辅以其光辉的业绩，名传青史，成为一代著名的治河专家。王士禛为靳辅所作《墓志铭》，称赞他"其力可以任大事，其识可以决大疑，其才可以成大功"。殊不知，靳辅为了成大功，经历过艰苦的磨炼，洒下了辛勤的汗水。他的才干主要表现为深入实际，勤于实践。

■故事感悟

靳辅是个知人善任的官吏。他任总督时，陈潢是其得力的僚属，凡治河之事，无不向陈垂询和请教。靳辅治河十余年的成就，与陈潢的襄助是分不开的。也正由于这一点，可以看出靳辅在治理河道方面有一颗执著的心，这一点是一般人比拟不了的，所以也让他成为治河方面的专家，成为一个"其才可以成大功"的人。

康熙用人用心不用力

康熙时期，黄河泛滥成灾，朝廷对于如何治理黄河存在很大的争论。当时有个名叫崔维雅的人，曾多年在河南、浙江等地任府州县官，参与治河，卓有成效。他曾写有《河防刍议》《两河治略》，对靳辅提出的一套治河方案多持否定态度。

由于靳辅的治河思想与朝廷及大多数人的意见不统一，康熙二十年五月，他被革职。

然而，后来事实却证明靳辅的办法是对的，于是康熙又把他召回来。但靳辅还是上书说："臣已70岁，心有余而力不足了，还是请皇上另选他人吧。"

康熙说："我知道你年高体弱，但我是想用你的心，不要你的力啊。"

《治河方略》

《治河方略》是由清代著名治河名家靳辅所著，为中国清代治理黄河水利的书籍，于清康熙二十八年成稿。书名原来叫《治河书》，后被崔应阶改编时换为现在的名字。

书中记述了黄、淮、运河干支水系的概况，以及黄河演变、治理和历代治理黄河的议论，并对17世纪苏北地区黄、淮、运河决口泛滥和治理经过进行了重点阐述。

该书还附有陈潢的著作《河防述言》。陈潢是靳辅治河的得力助手。该书由张霭生搜集整理，共12篇。

庞安时医学有成

庞安时（约 1042—1099），字安常，自号蕲水道人。蕲水（今湖北浠水县）人，被誉为"北宋医王"。他晚年参考诸家学说，结合亲身经验，撰成《伤寒总病论》6 卷，对张仲景思想做了补充和发挥。其突出特点是着意阐发温热病，主张把温病和伤寒区分开来，这对外感病学是一大发展。

庞安时出生在世医之家，从小聪敏好学，读书可以过目不忘。他研究黄帝、扁鹊脉书不久，就通晓了其中的内容，并能发表自己的个人创见，那时他才 20 岁。

后来，庞安时进一步研究《灵枢》《太素》《甲乙经》等医籍，经传百家与中医药有关的，无不精修细研，融会贯通。

庞安时医术高明，常能急病人之所急，行医不为谋私利，总是让来诊的病人住在自己家里，然后他亲自加以照料，直到病人恢复健康才送走。

晚年时，庞安时参考诸家学说，结合亲身经验，撰写了《伤寒总病论》6 卷，充实了张仲景的思想。其显著特点是着重阐发温热病，主张把温病和伤寒区别开来，这是外感病学的一个重大发展。所以，庞安时在医学理论和实践上有大量的真知灼见，特别是伤寒病上的贡献非常大。

由于对古典医学的刻苦钻研和大胆的实践探索，使得庞安时在临床时无论医药针摩，都得心应手，疗效显著。也正因为他是一个典型的不被前人理论所束缚的人，善于独立思考和探索，所以，他才在中医事业上有了大量创新。尤其是开设病坊，留诊病人，这是北宋时期中医的一大创举。

另外，庞安时还根据医药事业的需要，为病人减轻负担，替他们生产药材，实施药物产、供、用一条龙服务，坚持行医"不致于利"的原则，如此高尚的医德无疑值得今天的医家学习。

在学术思想上，庞安时对伤寒和温病都非常精熟，内妇儿科，都有研究，拥有十分丰富的实践经验。

庞安时治疗伤寒病主要从病因、发病入手，同时结合病人体质、地理、气候等进行探讨。他秉承前人学说，认为"寒毒"是伤寒的病因，是由于感受邪气的时间、地域、体质不同，才导致伤寒、中风、风温、温病、湿病、暑病等各种症候。

在《伤寒例》有关论述的基础上，庞安时强调一切外感热病的共同病因都是"毒"。虽然"毒"有阴阳寒热的差别，有中风、温热、暑湿和急缓轻重的不同临床表现，但只要抓住了"毒"，就抓住了所有外感热病的共性，所以，治疗外感热病应该重视"解毒"法。

此外，庞安时还提出"凡人禀气各有盛衰""寒毒与营互相浑""当是之时，勇者气行则己，怯者则著而成病矣"，认为即使寒毒侵入人体，但不一定会发病，这与体质强弱和正气盛衰有关。而且在毒气"从化"的倾向上，庞安时也特别重视素体的决定作用，认为"假令素有寒者，多变阳虚阴盛之疾，或变阴毒也；素有热者，多变阳盛阴虚之疾，或变阴毒也"。他总是从内因角度揭示疾病发展的规律，充满了非常科学的辩证思想。

庞安时还发现外感发病与四时气候、地域居处密切关联。同样是感受寒毒，冬天表现为伤寒，春天表现为温病，夏天则表现为热病，或者由于暑湿而表现为湿病等，这都是四季气候变迁造成的。不但这样，居住在山地较多地区的患者多为中风中寒的病，而生活在平原地带的人多为暑湿中暑的病，可见病情与地域的关联。

在治疗伤寒上，庞安时虽然遵从仲景法则，但他善于灵活变化，总能因时因地因人针对施治，同时也积累了丰富的治疗伤寒病的经验。

经过大量的实践，庞安时发现，温病一类以温毒最为严重和危险。他将温毒五大证和四时、五行、经络脏腑联系起来辨证而治，见解独到，指出"自受乖气而成脏腑阴阳温毒者，则春有青筋牵，夏有赤脉，秋有自气狸，冬有黑骨温，四季有黄肉随，治疗各有各法"。

在治疗温毒五大证上，庞安时着重于"毒"，使用大剂量的清热解毒、辛温散毒药物，多以大量石膏为方，确实为后来余师愚治疗瘟疫开创了新路。此外，他还专立《辟温疫论》，列举"疗疫气令人不染"方，有辟温粉、雄黄嚏法、千敷散等，体现了在对待瘟疫病上更加重视预防的思想。

庞安时非常推崇《难经》，写有《难经辨》《主对集》《本草补遗》等书，可惜这些医学著作大多都年久失传，仅有一部《伤寒总病论》保存了下来。

□ 故事感悟

庞安时医术精湛，常常结合亲身的经验，撰成一些医学书籍，虽然很多都是借鉴前人的方法，但他善于改变，因时因地因人而异，使得治疗的效果得到大大改善，为医药界树立了榜样。

□史海撷英

庞安时一针救产妇

传说，舒州桐城地方有个产妇，临盆七日都没生下孩子。州县的名医都请来了，用尽绝招也没成功接生。

当时庞安时有个叫李百全的学生，正好是产妇家的邻居，于是就邀请老师前来治疗。产妇家属伤心痛哭，泣不成声，祈求医生快救母子的性命。

庞安时赶到产妇床前，叫家人备好温水和面巾，把面巾在温水里浸湿后敷在产妇腰腹上。产妇感到松快，腹肌开始微微抽动。接着，庞安时用手在产妇的肚腹上下抚摩，然后取出针，朝着一个位置扎了一下。这时，奇迹出现了，产妇腹肌一阵抽搐，终于生出了一个胖胖的婴儿。

乡亲们见了，无不惊喜异常，纷纷赞誉庞安时是扁鹊再世、华佗重生，产妇家人更是欣喜若狂。

庞医生捋着银须，笑着对人们说："刚才我抚摩产妇腰腹时就知道胎儿已经出胞了，只是有一只手抓住了母亲的肠，才没能出母体。所以，我拿针对着婴儿的虎口扎了一下，婴儿疼痛，松开了手，所以就降生了。"

人们都抢着看婴儿的虎口，果然有针扎的痕迹。

曾有人问他关于华佗的事，他回答说："华佗医术那么高明，不是常人能够达到的，可能史书上的记载也不可全信吧！"

庞安时58岁时疾病发作，学生请求他给自己诊脉，他笑着说："用不着，我已经做过研究，呼吸出入都是脉象，现在我已没有了胃气，该死了。"因此，他不肯再用药，没过几天，就在和客人谈话时去世了。

《伤寒总病论》

庞安时所著的《伤寒总病论》共6卷，于1100年撰成。

第一卷叙述六经分证；第二卷讲了汗、吐、下、温、灸等治法；第三卷论述了与伤寒相关的一些杂症；第四和第五卷分别阐述了暑病、寒疫、温病等；第六卷记载了伤寒杂方、妊娠杂方等。

《伤寒总病论》所提供的处方用药之法，都是在《伤寒论》的基础上参考诸家学说并结合自己的实践所设制的，意在为《伤寒论》注释，但又有很多超越了张仲景藩篱之处，是一部非常有影响力的著作。

现存的版本有清刻本、日本抄本、丛书本等，新中国成立后开始有了排印本。

蔺芳创立筑堤法

蔺芳（？—1417），字仲文。明解州夏县人。自幼好学上进，成年后，以孝廉著称于时。

蔺芳，夏县人，洪武年间被推选为孝廉，几经升迁任刑部郎中。永乐年间，出朝任吉安知府。他宽厚廉洁，老百姓非常称赞他的高尚品德。

吉水有人到朝廷说县里有银矿，朝廷派遣使者前去察看。老人们拦住蔺芳诉说："听说宋朝末年曾经有人说这里有银矿，最后以欺骗获罪。现在都是种植庄稼的地方，哪里找得到银矿？"蔺芳责问报告有银矿的人，知道他有意欺骗。罪案已定，同级官员不敢署名，蔺芳请求独自承担这个责任。

上奏朝廷，皇帝说："我本来知道是胡说啊。"此事于是作罢。后来，蔺芳因事获罪贬为办事官，跟随宋礼治理会通河，恢复任工部都水主事。

明成祖永乐十年，黄河在阳武县决口，淹灌中牟、祥符、尉氏，皇上派遣蔺芳去视察。

蔺芳说："中盐堤正当汹涌急浪的地方，请加筑堤堵塞。"又说："自中滦分别疏导河流，让水由旧河道北入海，确实是万世有利。"还说："新筑堤岸保护设施，只用草绳，不能坚固耐久。应该编木成大圆形仓状，贯穿木桩在中间，填满瓦石，再用木桩横穿外部，连接筑在堤上，这是削减水势巩固堤防的长远办法啊。"诏令完全按蔺芳的意见办理。

从这以后，筑堤的人都遵照这种办法。

没过多久，行太仆卿杨砥说："吴桥、东光、兴济、交河及天津屯田，雨水冲开堤坝伤害庄稼。请求开通德州良店东南黄河故道，用来分流水量。"又命令蔺芳前去治理。

蔺芳所经过的郡县乡镇，有不利于百姓的河流都疏通并上奏朝廷。治理河道竣工后，蔺芳回朝，于永乐十五年十一月死于官位上。

蔺芳自己奉行节约，布衣素食，侍奉母亲却很孝顺。蔺芳每天经办的事情，晚上一定告诉母亲。有不当的地方，母亲就对他加以教导和警告。

蔺芳接受任务非常谨慎，因此成为贤能的官吏。

■故事感悟

专注于做一件事，终归可以做好。蔺芳因主动承担欺君之罪，被贬治理河道，也成就了他对于河道治理方面的成就，并创制了筑堤法，造福了一方百姓。

■史海撷英

洪武年间大驱迁

历史上，舟山有过两次大移民。第一次是明朝洪武年间，在外寇侵扰、内匪劫掠的情境中，朝廷多次派兵讨伐都未能平息。朱元璋恨得咬牙切齿，索性不去管了，因此下了一道圣旨，将舟山的百姓统统迁徙到大陆去。正所谓"洪武年间大驱迁，舟山百姓遭祸灾。清初避民又迁居，群岛荒芜三百年"。

那时，在六横岛的岑山和千岩两山之间有条小港，两头都连着海水，把六横分隔成上庄和下庄两个小岛。岛上居民都住在靠海边的几个岙口里，数量不多。

但当皇帝的圣旨传到六横时，人们都很难过，毕竟"金窝银窝不如自己的狗窝"，再穷再苦，也是自己的家乡，谁愿意背井离乡到大陆去呢？但皇帝的圣旨，谁又敢违抗？

有一天，突然驶来了好几条官船，官兵们一上岸，就开始用棍打、鞭抽，把百姓赶上船，还放火烧村。村里都是茅草屋，一点就着。年纪大的人，行动慢一点就被活活烧死。有些年轻的村民不愿离开家乡，不肯上船，官兵赶不上船，就把他们吊在树上用皮鞭抽打。男女老少哭爹喊娘，不绝于耳。就这样洗劫了三天三夜，岛上房屋尽数烧毁，再不见人的踪影了，官兵们才押着老百姓离开了六横。

但没过几天，岛上又有人出来了。这几个人一碰面就亲热地交谈起来，数一数共有7个人。他们爬上千岩头山墩，看见岑山岗墩上也有人，一问才知是上庄也留落了6个人。从此，每逢过年过节，双方都要爬到岑山、千岩山岗墩，互相打打招呼，交流交流情感。

一晃几年过去了，有些迁到大陆的人思乡心切，于是又偷偷逃回了六横。留落的人看见乡亲回来，都热心地帮他们搭茅棚，安排吃住。

后来回岛的人也越来越多，六横岛再次兴旺起来。那13个人也被后代称做是六横岛的祖宗大人。在逢年过节时，他们在做完饭后，都会在屋门口摆上13双筷子和13碗饭，以祭祀这13位祖宗，一直到如今他们依然保持着这个习俗。

吴有训对物理学的贡献

　　吴有训（1897—1977），字正之。江西省高安人。物理学家、教育家，中国近代物理学先驱。1920年毕业于南京高等师范学校（今东南大学）。1921年赴美入芝加哥大学，随康普顿从事物理学研究，1926年获博士学位。1926年秋回国，先后在江西大学和中央大学（今东南大学）任教。1928年秋起任清华大学教授，物理系主任、理学院院长（包括1938年以后在西南联合大学的8年）。1945年10月，任中央大学校长。1948年底，任上海交通大学教授，1949年任校务委员会主任。1950年夏，任中国科学院近代物理研究所所长，同年12月起任中国科学院副院长。1949年秋至1952年秋，任交通大学（暨西安交大与上海交大前身）校长。1977年11月30日，吴有训在北京逝世。

　　1921年秋，吴有训以出色的成绩从南京高等师范学校毕业，那时他24岁。1922年12月，他进入美国芝加哥大学攻读博士学位。很幸运的是，他竟成了世界一流的物理学家、成就非凡的康普顿教授的学生。

康普顿教授因为提出了电子及其他基本粒子的"康普顿波长"概念而驰名天下。吴有训刚到芝加哥时，很不适应康普顿独特的教学方法，但是一年后，他就完全适应了那里的学习生活，并且努力拓展自己的学习空间，勇敢地向当时世界上最尖端的物理学领域进军。那时康普顿导师正在研究X射线散射现象，他对此也产生了浓厚的兴趣。

　　吴有训深深懂得导师的这项研究所具有的意义，那是比爱因斯坦使用光子、光量子成功地解释了光电效应更加重要的事。因此，吴有训对康普顿研究的每点成果都尽力亲自用物理实验去证明。结果，有的无懈可击，有的也不尽完整，他把这些都记录了下来。

　　不久，康普顿教授作了一次讲学，题目是《关于X射线散射现象的分析》，这就是后来被学术界承认的"康普顿效应"，讲了两个半小时才结束。

　　在结束讲座时，教授殷切地征求大家的意见，教室里顿时安静了下来，没有人能对这个世界上一流物理学家的研究成果提出不同的看法。此时，只见吴有训从座位上站了起来，从容地说："康普顿教授的实验结果是令人信服的……因为这个研究课题无比重大，所以必然引起很多人的关注。我就是关注者之一，所以，我也用业余时间做了一些相关实验，有些结果与教授的结论略有差别，我把它提出来供教授参考。一是关于X射线散射的强度问题，二是X射线散射后的光谱图问题……"

　　于是，吴有训就把自己实验的经过和结果，以及对整个实验的价值作了详尽的分析，赢得了全场热烈的掌声。

　　康普顿教授兴奋异常，他来到吴有训座位前，握紧了他的手，邀请他晚上到自己家中做客。康普顿把自己多年来研究的成果都送给吴有训看，因为他实在太欣赏这个来自东方黄土地上的年轻人了。

在1922年3月到1924年7月两年多时间里，吴有训做了120多次实验，整理了近百万字的笔记。他通过实验充分证明了康普顿效应的存在，而且他发现，这很可能会成为量子物理学的核心，这就意味着，一个划时代的世界创举即将诞生。

经过耐心细致的工作，吴有训终于在用X射线散射元素测试粒子动量的实验上成功了，而且有3种、5种、7种元素的散射。但是，就在他向第15种元素冲刺时，他病倒在了实验室。

躺在病床上的吴有训，满嘴讲着胡话，但所有胡话都跟X射线的实验有关。康复后，吴有训立即又投入到X射线散射的研究之中，仅用半个月就创造出一张被15种元素所散射的X射线光谱图。这张光谱图成了康普顿证实自己理论的重要依据，吴有训也把它写进了自己的博士论文《论康普顿效应》。

1925年初，康普顿满怀信心地站在了美国哈佛大学的讲台上，向全世界公布了他的研究成果："关于X射线散射光谱的实验结果。"消息传出，世界为之轰动。然而，事情却并没有顺利结束。有位叫布里基曼的哈佛大学著名物理学家，以审慎的态度，依据"康普顿效应"的物理原理，不厌其烦地亲手做了这个实验，非常意外的是，他竟然没有再现康普顿效应。

因此，布里基曼教授立刻在讲台上跟大家介绍了这个情况。人们鉴于他在世界物理界的巨大权威，都开始对"康普顿效应"的发现产生了怀疑。一时间，非议和指责传遍了它能到达的每个角落。

当然消息也传到了吴有训的耳朵里，他万分焦急，但仍然相信导师是对的。所以，他急忙走进实验室，再次核查了所有数据，又亲自实验了一番，结果没有丝毫问题。他顾不上吃饭，连夜就乘飞机赶到了哈佛大学。

第二天下午，哈佛大学的教室里坐满了来自世界各地的物理学家、学者和教授。他们要听听康普顿的得意门生将做的补充讲演和实验结果，到底有什么高明之处。

这年的吴有训才27岁，这是他第一次登上世界讲台，但他不慌不忙、风度翩翩。接着，他用他那不可辩驳的演讲和流利的英语口才及当场演示的物理实验，赢得了全场雷鸣般的掌声。康普顿坐在台下，激动得泪水直流。

而那位持怀疑态度的布里基曼教授的脸上再也没有一点疑惑了，他走到吴有训跟前，握紧他的手说："吴先生，我完全信服你的实验。我想说，你不愧是一位物理实验大师。"

至此，吴有训终于用自己艰苦的实验和严格的计算、分析与整理，捍卫了"康普顿效应"。

"康普顿效应"的伟大发现，对于物理理论和实践的发展都具有十分深远的意义。康普顿也因为这一发现而荣获了诺贝尔物理学奖。

同时，中国留学生吴有训的博士论文——《论康普顿效应》也震惊了世界，为祖国赢得了崇高的荣誉。这篇论文作为世界物理学史上光辉的一页，一直被保存在芝加哥大学的图书馆里。

□故事感悟

学则须疑。吴有训对康普顿教授的理念并不是一味地接受，而是在学习过程中不断地去实验并印证老师观点的正确与否。当其他教授提出异议时，吴有训再次通过亲自实验证实自己的观点，最终以无可辩驳的演讲与实验让所有的质疑者叹服。所力应专，正是这个道理。

吴有训科教馆

1992年，在吴有训的家乡江西省高安市人民政府开始筹建吴有训科教馆，并于1999年4月建成，由中共中央政治局原常委、中央军委原副主席刘华清题馆名。

该馆占地面积5000平方米，属于四合院式的仿古建筑，美观庄重、富丽堂皇。科教馆里面陈列了丰富的内容，全馆举办了"吴有训生平展""高安科教名人展""江西籍院士展""原子弹模型展""名人字画展""碑刻长廊展"。现在馆内收藏了一万余件吴有训先生及各类名人的文物、史料、照片、遗物等，以及1800多件一、二、三级文物。

吴有训科教馆被授予"宜春市爱国主义教育基地""江西省爱国主义教育基地""江西省青少年科技教育基地"。2002年12月，中宣部、科技部、教育部、中国科协又联名授予其"全国青少年科技教育基地"。

该馆先后主编与协编出版发行了《吴有训》《吴有训科学贡献》《吴有训论文集》《吴有训传》《吴有训科教馆记事》等专著，均由邓小平题名。关于这个馆的专题新闻报道也出现在了中央、省、地、市的电视台和各种报刊等媒体上。同时，该馆大力开展"科教兴国、以人为本"的爱国主义教育和革命传统教育，吴有训科教馆也由此享誉全国。

张大千的敦煌情结

张大千（1899—1983），本名张正权，后改名张爰、张猿，小名季，号季爰，别署大千居士、下里港人、斋名大风堂。祖籍广东省番禺县，生于四川省内江，逝世于中华民国台北市。中国著名画家。因其诗、书、画与齐白石、溥心畬齐名，故又与齐、溥并称为"南张北齐"和"南张北溥"。20多岁时，张大千便蓄了一把大胡子，这也成为张大千日后的特有标志。张大千曾与齐白石、徐悲鸿、黄宾虹、溥儒等国内各名家及外国大师毕加索交游切磋。

张大千是我国杰出的艺术家，驰名中外的中国画大师，当年与齐白石享有"南张北齐"的美誉，后在台湾等地生活了30余年。曾被纽约国立艺术学会公选为世界第一大画家，和世界著名画家毕加索交往甚密。

1940年开始，早已享有"南张北齐"美誉的著名画家张大千教授决定去敦煌临摹壁画，他利用三次个人画展凑足了去敦煌所需要的资金费用。

1943年秋，张大千和夫人以及几名学生从四川青城向北进发，计划经广元、天水，借道兰州去敦煌。他刚来到嘉陵江东岸，忽然接到了二哥张善子不幸病逝的电报。二哥是大千绘画的启蒙老师，也是他生活上的指路人，没有二哥张善子，就没有艺术家张大千。张大千怀着极其悲痛的心情，坐船顺着嘉陵江回到重庆为二哥送葬。到了重庆，二哥安葬已毕，大千趴在二哥的墓前大哭一场。

第二年春天，大千告别了侄儿们和二嫂，从成都再去敦煌。一路上，道路坎坷，人烟稀少。进入戈壁滩后，到处是砾石和黄沙，举目远眺，天苍苍，野茫茫，一片寂静、凄凉。他们骑在驼背上，顶着风吹日晒，终于来到了莫高窟。

敦煌莫高窟建在三危山和鸣沙山之间的峭壁上。在南北6000多米长、东西200多米宽的峭壁上，排列着重重叠叠、栉比相联的石窟群。这里拥有近500个洞窟，4.5万平方米壁画，2000多尊造像，五座唐宋木结构建筑群。然而，这里尘封灰掩，窟前堆积如山的流沙几乎淹没了下层全部洞窟，到处是断垣残壁。

张大千和他的几个学生用了近两个月的时间，扒平了挡在窟前的小沙堆，挖通了挡在窟前的大沙堆。当时正是盛夏的季节，每当太阳西斜时，空气干燥无比，又闷又热。脚一踩在洞窟前的流沙上，便飞起一股股黄烟，飞扬的黄烟掺和着额上那源源流下的汗珠，在张大千的脸上、脖子上画出了一道道泥痕。

为了在临摹中能够恢复残缺不齐和褪了色的壁画，张大千又和几个学生用了将近4个月的时间，观摩了309个洞窟里的壁画。可是，转眼到了冬季，张大千决定到兰州度过冬季，来年开春再来。

夫人听说还要去，顿时愁云满脸。他看着夫人，用坚定而又徐缓的语气说："莫高窟，为千百年来之灵岩静域也。我平生仰慕古人名迹，流传于世间，尝窥见其八九，然而到此一看，才明白自己见得太少了。我们来此仅仅几个月，浅尝辄止，岂不前功尽弃。八代之盛衰，岂以数月之期能探索其本源？"

夫人平静地问："你估计还要多久？"

"一年不够就两年，两年不够就三年……"

夫人心情沉重地低下了头，满腹心事：唉，动辄就是两三年。在这人烟稀少，出门只能看到这几张面孔的地方，他竟然要花去上千个日夜……泪珠滚了下来，她将头埋了下来，尽量不让丈夫看见。

大千不用看，也完全知道夫人的心事。这也难怪她，换上其他人，说不定早哭着鼻子跑了。想到这里，他的心情也沉重起来。外面呼呼的北风卷起沙石，打得墙壁咚咚响……

最后，夫人停止了啜泣，低声说："一年就一年，两年就两年，只要你在这里，我就在这里。"

第三年春天，张大千一行几人又来到了敦煌。

大规模的临摹和复原工作开始了，莫高窟比往日更静，空荡荡的看不到一个人影。他们钻进洞窟，整日临摹。有些洞窟狭窄，壁画低矮，半躺着身子才行；有些洞窟又特别高大，需要爬上特制的高凳；有时，手持电筒，反复观摩才能画上一笔。洞窟里空气滞闷，呆上半天，人就会头昏脑胀。出去透透空气，明晃晃的太阳又照得双眼睁不开，一片片金星在眼前左冲右撞……

傍晚，大家拖着疲惫的身体往床上一躺，头痛、手痛、脚也痛，动也不想动一下。

而张大千又比谁都忙，比谁都累。自己要画，还要教人家画；大家累了不想动，他还派人和几个学生从敦煌出发，去往几百里外的安西榆林窟临摹壁画。

白天，外面的石头被太阳晒得烫手，洞窟里如蒸笼一般闷热；深夜，这块完全没有人烟的沙漠绿洲，又静得令人胆战心惊，大家需要轮流放哨，时刻提防土匪袭击。临摹结束，他们马上返回敦煌，然后从敦煌全部返回。

张大千三次去敦煌，历尽千辛万苦，用了3年零7个月的时间，和学生一起共绘了276幅大小不同的画，其中包括本生、佛经、经变、供养人、因缘故事及建筑彩绘图案等，囊括了我国4世纪到14世纪的历代造型艺术。

同时，张大千还把洞窟的情况和自己的心得撰成《石宝记》，详细介绍了壁画的不同风格、源流、时代特点等。

1944年1月，张大千"临摹敦煌壁画展"在成都祠堂街首展。人流涌入画室，四壁上，一尊尊庄严和善的菩萨，一个个威武勇猛的天王，还有那臂纤胸束的仕女，扬手散花的飞天……

一刹那间，张大千在人们面前展示了一个个色彩绚丽、栩栩如生的艺术世界。这个世界完全由一种新颖的风格组成，它既散发着古老神秘的历史气息，又洋溢着现实生活清新的芬芳，揭示了千百年来人们批判邪恶、憧憬光明这一永恒主题。

后来，张大千在兰州、重庆举行了更大规模的临摹壁画展，引起了社会各界极大的轰动。

敦煌临摹壁画展，是张大千先生灌注了激情、凝结了心血的作品。后来出版的《张大千临摹敦煌壁画展览特集》《敦煌临摹白描画》等，为后人留下了宝贵的文化遗产。作为我国的一名专业画家，张大千是去敦煌长期临摹的第一人，敦煌之行是他艺术道路上关键性的转折点，也是他艺术河流中的一座巍峨壮观的灯塔。

■故事感悟

做好一件事，不但需要很多时间，还需要倾注无限的热情。很多人由于不能持之以恒，往往在事情还没有做完时便半途而废。做一件事，只有做得彻底，专心致志，才能成功。

█ 史海撷英

张大千画螃蟹脱身

1937年，日军发动了卢沟桥事变，占领了北平，随后又把颐和园封锁了，还把园中的居民赶到了排云殿前。日军有个大佐误把张大千认为国民党监察院长于右任，要把他押到宪兵队去。

张大千辩解道："我是张大千，画画的；于右任不会画画，他是书法家。不信我给你画幅画看。"

日军大佐点头同意，张大千便打开画夹泼墨挥毫，寥寥数笔就勾勒出了一只大螃蟹，张牙舞爪，口吐白沫。

日军大佐一看，明白他的确是著名画家张大千，就皮笑肉不笑地说："那你就留下来画画也好，不用走。"

正在这时，杨宛君乘着红十字会的汽车闯了进来，后面跟着穿白衣的大夫走过来说："不行，他患有传染性肝炎，会传染的。请你们快离开，医院已派专车来接他了。"

日本大佐一看这情景，也不知所措，便一挥手，让杨宛君和大夫把张大千带上救护车开走了。

对此，张大千表示十分佩服杨宛君的处变不惊、随机应变的智慧。

妇产科专家林巧稚

林巧稚（1901—1983），又名丽咪。福建省同安县鼓浪屿（今厦门市思明区鼓浪屿）人。中国妇科、产科医生和医学科学家。林巧稚是北京协和医院第一位中国籍妇产科主任及首届中国科学院唯一的女学部委员。林巧稚一生亲自接生了5万多名婴儿，在胎儿宫内呼吸、女性盆腔疾病、妇科肿瘤、新生儿溶血症等方面的研究作出了出色贡献，是中国现代妇产科学的奠基人之一。

1929年，经过8个艰苦的春秋，林巧稚以优异的成绩获得了医学博士学位，并被挑选留在北京协和医院工作，后来任协和医院妇产科主任。她也是协和医院妇产科第一位中国籍女主任。

林巧稚擅长于各种妇产科疑难病例的诊断与处理。她的事业始终和病人联系在一起，她的一生奋斗目标是："让所有的母亲都高兴平安，让所有的孩子都聪明健康。"她认为，不理解病人，不同情妇女，就算不上一个好的妇产科大夫。

她曾主治过这样一个病人。这是一个多年盼望做母亲的人，在怀孕之后被诊断为宫颈癌，要住院手术，切除子宫，这就意味着孩子不能保全，今后将完全失去生育能力。这对于个人、家庭来说，无疑是痛苦和不幸的。

作为一名医生，开刀病除，算是尽到了责任，但林巧稚在对患者进行了一番认真检查之后，又仔细查看了病人的病理切片，意外地发现，在病理切片中的活体组织不那么发脆发硬。这本来是不易被人注意的细微之处，但她心里一动，这似乎与一般恶性病变的组织有点不同，会不会是良性肿瘤在怀孕期的特殊变化？她马上找到病理科教授会诊，提出了自己的看法。

从事病理研究几十年的老教授张锡钧虽然不相信自己的分析会有错误，但还是被林巧稚说服了，同意了她那有些冒险的治疗方案：暂不做手术，严密观察肿瘤的变化，并做好一切应急准备。

此后，每隔一周，林大夫都为病人做一次检查，亲自观察病变情况。然而时间一天天过去了，肿瘤并未长大。冬去春来，胎儿成熟了，剖腹产出。奇迹出现了，患者的宫颈肿物居然消失了。原来，林巧稚的推断是正确的。她不仅以崇高的医德挽救了一个新生命，而且以高超的医术引出了妇科学上的新问题。

几年之后，医学界终于回答了这个问题，那例产妇所患的宫颈肿物是一种特殊的妊娠反应——脱膜瘤。它虽然具有瘤的形态，但并不是真正的瘤，更不是什么恶性肿瘤。林巧稚就是以这样高度的责任感对待病人，对待自己事业的。正因如此，她也成为我国现代妇产科学的奠基人之一。

□故事感悟

林巧稚对患者负责，不断学习，成功地验证了自己的推断，为我国的妇产事业奠定了良好基础，也说明了林巧稚是一个不断学习、敢于向传统挑战的人。

林巧稚纪念邮票

1990年10月10日，我国原邮电部为纪念现代中国科学家的卓越贡献，发行了一套《中国现代科学家》（第二组）纪念邮票4枚，其中第一枚是医学科学家林巧稚，另外三枚是张钰哲、侯德榜、丁颖。

邮票上的林巧稚，穿着白色大褂，项上挂着听诊器，表现出了她的医生身份。肖像脸部通过明暗关系突出的那种光明感，是她对人类未来美好希望的象征。那精心描绘出的慈祥、乐观的笑靥，表现出了她爱人胜过爱自己的崇高医德，在背景中有幅胎儿临产图，蕴涵了对这位"生命使者"的真正赞誉，还有那殷红的温柔色调，也为这位终身未嫁的女医学科学家平添了几分妩媚。

■文苑拾萃

中国协和医科大学

中国协和医科大学是我国的重点医科大学，设有八年制临床医学专业和护理本科教育。它的前身是"协和医学堂"，1917年由美国洛克菲勒基金会所创办。

中国协和医科大学是中央部属高校，直接归卫生部管辖，改名北京协和医学院后，开始由教育部、卫生部双重领导，属于中国唯一一所国家级医学科学学术中心和综合性医学科学研究机构。2007年5月18日，该大学被正式更名为"北京协和医学院"。